¡Cientos de comentarios de cinco estrellas escritos sobre este mismo libro en ingles en Amazon!

"¡Fascinante y estimulante! Este libro lo equipará para dar lo mejor de sí mismo en todo lo que emprenda."

"Una gran ayuda. Sin duda el enfoque más efectivo que he encontrado para desarrollar totalmente el competidor que hay en mí."

"¡Una verdadera sorpresa! Una guía del rendimiento máximo diferente de cualquier otra . . . Muy motivacional."

"Muy instructivo y entretenido. Fácil de aplicar, fácil de entender . . . La excelencia en psicología deportiva."

"Enseña de una manera única y poderosa. Atrapa la atención, hábilmente escrito."

"¡Te cambia la vida! Un recurso de valor incalculable... Una de esas raras obras literarias destinada a convertirse en un clásico."

"Una guía directa. Estoy muy contento de haber encontrado este libro sorprendente."

"Me empujó a actuar. Un libro especialmente agradable... La perspectiva de un experto."

"¡Ojalá hubiera leído esto hace veinte años! Este libro realmente me sorprendió."

"¡Excelente! Permite un nuevo tipo de pensamiento para alcanzar todo tu potencial a través de la transformación personal."

"¡Esclarecedor, inspirador y fascinante! Un instrumento especialmente valioso... Cautivador."

"¡Un trabajo brillante! Muchas gracias al autor."

"Entrenamiento mental de un maestro practicante, nunca olvidará las enseñanzas de Daniel."

"Te atrapa con un estilo irresistible de escritura y fluidez. Su sabiduría te impactará."

"¡Libere al Guerrero/Campeón! Este libro se distingue de los demás."

"González no se guarda ningún secreto. Refrescante, eficaz y estimulante… Anclado en la realidad."

"Todo lo que puedo decir es: Impresionante… Un viaje maravilloso."

El Arte del Entrenamiento Mental

Una guía para el rendimiento excelente

DC González
con *Alice McVeigh*

Inspirado por eventos reales

Copyright © 2013 Daniel C. González
Todos los derechos reservados.
GonzoLaneMedia@gmail.com

Traducción al español por Arnaldo, Misha, y María

Dedicado al Guerrero/Campeón
que hay dentro de usted . . .

Índice

Prólogo 15
Nota del autor, DC González 19
Capítulo 1: La lección de tres minutos 21
Capítulo 2: Sobre la actitud 27
Capítulo 3: Cómo obtener la Ventaja Mental 33
Capítulo 4: Aprendiendo a pilotar aviones militares 39
Capítulo 5: La importancia de creer en uno mismo 45
Capítulo 6: La ingeniería de la imaginación y la autoconfianza 51
Capítulo 7: Los tres puntos críticos 55
Capítulo 8: El Guerrero Mental 63
Capítulo 9: El control de la ira 67
Capítulo 10: Hubo disparos 71
Capítulo 11: Acerca de la derrota 81
Capítulo 12: Miedo al fracaso 87
Capítulo 13: Cómo controlar el miedo 91
Capítulo 14: Sobre la asfixia del rendimiento 97
Capítulo 15: Tranquilo bajo presión 101
Capítulo 16: El Crítico Interno 109
Capítulo 17: Demasiado intenso 113
Capítulo 18: Su sueño 115
Capítulo 19: Acerca de las metas 119
Capítulo 20: Haga el trabajo 125
Capítulo 21: Cómo lograrlo 129

Capítulo 22: Cambie su estado mental 133
Capítulo 23: El Presente 139
Capítulo 24: Prepárese para ganar 145
Capítulo 25: Continúe caminando 149

Prólogo

Nunca vi a Leo-tai enojado, pero fue él quien me enseñó cómo utilizar la energía de la ira en caso de que surgiese en algún momento, y la manera de redirigirla con efectividad.

"En vez de perder el control —me decía—, tienes que aprender cómo utilizar esa energía. Tienes que convertirte en un asesino sonriente, Daniel-san, y canalizar la energía. Deja que te ayude en tu propósito. Si pierdes el control de la energía, tu oponente ganará."

Fue el uso de este concepto lo que llevó a la "derrota" de varios de mis oponentes sin ni siquiera tener que pelear contra ellos. En algunas ocasiones no se requieren palabras, solamente contacto visual. Con tan solo eso, uno quedará marcado como depredador y el otro como presa; uno será el asesino y el otro el objetivo. "Es en este nivel subconsciente de comunicación —me dijo una vez Leo-tai—, que uno gana la pelea sin tener que pelear."

Con la misma facilidad con la que Leo-tai entró en mi vida, salió de ella una vez que me hubo enseñado todo lo que se había propuesto enseñarme. A pesar de mis mejores esfuerzos y todos mis recursos como agente federal, no pude encontrar ningún rastro financiero o de propiedades, ninguna dirección, nada de familia y ningún punto de contacto. Había desaparecido sin dejar nada tras él, a excepción de sus enseñanzas y mi recuerdo de esa media sonrisa que hacía cuando yo lograba sorprenderlo.

Lo último que supe de Leo-tai fue hace muchos, muchos años a través de rumores de fuentes que no creí fiables. Hasta que, hace un tiempo, conocí a una elegante dama de edad avanzada, una psíquica irlandesa, en una función por invitación en la ciudad de Nueva York. Internacionalmente reconocida y respetada en su campo, también había escrito varios libros y se encontraba de gira dando conferencias cuando nuestros caminos, por casualidad, se encontraron.

—Usted es un maestro —dijo en el momento que nos vimos— Percibo muchos estudiantes a su alrededor.

Yo sonreí, pero no le ofrecí nada que pudiera tomarse como confirmación o negación; sin embargo, ella continuó hablando:

—Estoy recibiendo un mensaje muy claro de alguien que se ha ido de este mundo y que quiere decirle algo. Dice que fueron amigos no solo en esta vida, sino también como grandes guerreros en otra vida. Quiere que le diga que él está a su lado cuando usted enseña.

—¿No me digas, de verdad? —contesté, empleando el tono de un agente federal acostumbrado a no creer una sola palabra proveniente de un informante.

—Sí, de verdad —respondió, bastante alterada por mi escepticismo—. Dice que se llama Leo-tai.

—¿Dijo usted Leo-tai? —volví a preguntar, aturdido y sorprendido.

—Sí, Leo-tai —repitió ella, mirando ligeramente de soslayo, como si escuchara a alguien o buscara un recuerdo distante. Acto seguido, volvió su mirada hacia mí con repentina certeza—. Él es un alma muy vieja, ¿sabe usted? Un gran maestro del Lejano Oriente. Pero por favor, dígame, ¿cómo es que conoce a este maestro, y qué es lo que usted enseña?

Pero yo apenas no podía ni responder… Al saber que mi viejo amigo había muerto.

Nota del autor, DC González

Bienvenido al Arte del entrenamiento mental.

El entrenamiento mental deportivo ha sido denominado la ciencia del éxito. Pero no se equivoque, si usted se imagina que estas lecciones se aplican solamente a los deportes y atletas, cometería un error. Porque es el Guerrero Cotidiano, en todos los caminos de la vida y en todo tipo de escenarios, quien se verá beneficiado enormemente de la sabiduría y las técnicas que encontrará aquí.

Sin importar qué haga o cuáles sean los desafíos a los que se enfrenta, El Arte del Entrenamiento Mental puede ayudarlo a lograr un mayor nivel de rendimiento y de logros y éxitos personales.

Siempre que participe en una actividad, la energía del evento se mezcla con lo que está ocurriendo dentro de su mente en ese momento. Esa mezcla produce emociones y sentimientos que, en última instancia, terminarán afectando a la calidad de nuestro rendimiento.

Si, por ejemplo, como resultado de esta mezcla afloran emociones no deseadas, como nerviosismo, ira o miedo, el Guerrero/Campeón tiene que tener a su disposición el conocimiento, las herramientas y las técnicas adecuadas para poder emplearlas y que su rendimiento no se vea afectado negativamente.

Esto es algo que los campeones saben hacer bien, y todos podemos aprender a hacerlo. Sin embargo, solo aquellos que tengan la determinación de aprender y practicar técnicas de entrenamiento mental obtendrán todos los beneficios y los más altos niveles de resultados.

Cuanto mayor sean su confianza en sí mismo, su dialogo interno, su actitud, su concentración y su estado mental al entrar en un evento, mejor será su situación cuando la energía de dicho evento fluya dentro de usted.

Solo entendiendo qué debe hacer para lograr un Estado Mental Ideal, y adquiriendo el conocimiento, las herramientas y las técnicas necesarias para obtenerlo, el Guerrero/Campeón tendrá la habilidad de potenciar todos los aspectos de su rendimiento.

Así que, para empezar… Entienda lo siguiente:

Todo aquello que esté pasando por su mente es de suma relevancia para su rendimiento.

Capítulo 1: La lección de tres minutos

Al ser entrenador de Ventaja Mental para atletas universitarios, me resultaba fácil identificar quiénes querían el entrenamiento mental y a quiénes no les importaba. Un muchacho en particular era de aquellos a los que no les interesaba. Mientras los demás estudiantes escuchaban y pensaban, este bostezaba y admiraba sus bíceps. Los otros hacían preguntas o iniciaban discusiones, y a él solo le interesaba la parte física de su deporte: el combate cuerpo a cuerpo. Se trataba de un alumno de primer año que iba a entrar en las grandes ligas, compitiendo a nivel de la Asociación Nacional Atlética Colegial (NCAA), pero eso no parecía preocuparle durante nuestras sesiones.

Sin embargo, cuando llegó el momento decisivo, la presión fue demasiado para él. Unos minutos antes de su primera pelea en este nivel, se acercó corriendo hacia mí, desesperado e inquieto, y me rogó le diera entrenamiento mental ahí mismo. Acababa de enterarse que se enfrentaría al más exitoso de los

luchadores del torneo, un luchador con experiencia que acostumbraba a aniquilar a sus oponentes con relativa facilidad. De esta manera, el muchacho sin interés iba a aprender una valiosa lección.

Lo miré y no pude evitar pensar que sería una oportunidad bastante interesante. El muchacho estaba realmente asustado y en un estado completamente desamparado. Claramente no estaba listo para competir al nivel de su verdadero potencial. De pie frente a mí tenía a un verdadero desastre mental preguntándome si podía ayudarlo, cuando en su mente ya estaba sufriendo una humillante derrota a manos de su oponente. El muchacho estaba muy alterado, y solo teníamos unos pocos minutos para darle la vuelta a la situación. Su pelea era la siguiente, y el reloj mostraba el poco tiempo que faltaba para que acabara la pelea que se estaba disputando.

Con tan poco tiempo, me pregunté qué podíamos hacer.

Justo entonces, recordé algo que Leo-tai me había dicho: "Daniel-san, uno nunca debe mirar hacia donde uno no desea ir…" Eso me dio una idea.

—¿Estás listo para confiar en mí? —le pregunté al muchacho.

—Lo que usted diga, entrenador.

—De acuerdo. Entonces ven conmigo y trabajemos.

Unos minutos después, cuando anunciaron su nombre, caminé con él hasta el borde del tapiz de lucha. No había desviado la atención de su tarea ni por un segundo. Todo lo que hice fue proporcionarle la técnica mental, y él hizo el resto dentro de su mente.

Les diré que, cuando el muchacho subió al tapiz, se había transformado en una fuerza de dominación, confianza y técnica. En unos cuantos minutos pasó de ser un luchador asustadizo de primer año dirigiéndose a una terrible derrota a ser un gladiador desencadenado, un campeón dueño de la arena. Ayudó a crear uno de los encuentros de mayor acción, emoción y altas puntuaciones del torneo. La pelea continuó y, al final, mi incrédulo alumno perdió tan solo por un punto. La multitud no creía lo que veía. ¡Su campeón sobrevivió a duras penas a la primera pelea!

Lo que hizo mi alumno no es difícil: no hay magia, hipnosis ni ilusiones de humo y espejos. Simplemente lo guie en el proceso con tres instrucciones sencillas. Le di un minuto para trabajar cada instrucción antes de darle la siguiente. En ese breve espacio de tiempo, fue capaz de cambiar completamente su estado mental.

Le prometo que le enseñaré exactamente cómo hacer esto por sí mismo más adelante en este libro, además de muchas otras cosas, pero primero pensemos qué nos enseña esta experiencia de la vida real.

Necesito que recuerde alguna ocasión donde se desempeñó a su máximo nivel, y que después recuerde una ocasión donde su rendimiento fue el peor. Ahora, cuando mira esas dos ocasiones, sea honesto con usted mismo y pregúntese cuál fue la mayor diferencia entre ambos casos. ¿Pudo haber sido su estado mental el que supuso la mayor diferencia?

La mayoría de los atletas admitirán que la mayor diferencia fue exactamente esa, y que la diferencia de rendimiento se debió totalmente a su estado mental. En el caso de este atleta, la diferencia entre lo que prometía ser una de sus peores competiciones, y que resultó ser una de sus mejores actuaciones fue, después de todo… principalmente mental.

Y eso es lo importante: no importa cuál es su deporte o cuál es el desafío: la diferencia entre grandes actuaciones y actuaciones mediocres es principalmente mental. Una vez se alcanza cierto nivel de habilidad física, son sus habilidades mentales las que comienzan a marcar toda la diferencia. Cuanto mejor sean, mejor llegará a ser usted y mejores resultados obtendrá.

Algunos atletas profesionales le dirán que emplean cantidades considerables de tiempo en entrenamiento mental. Los campeones saben que el juego mental puede enseñar a cualquiera cómo mantenerse enfocado, concentrado en las metas y motivado para obtener el éxito, así como a lidiar mejor con obstáculos temporales y adversidades reales.

El Guerrero Mental entiende que el tiempo empleado en el juego mental dará sus frutos en forma de rendimiento mejorado, en ocasiones de manera casi instantánea. El Guerrero/Campeón aprende a emplear técnicas que lo ayudan a salir del camino trazado por él mismo para poder alcanzar el siguiente nivel de rendimiento, no por suerte sino por elección consciente, una y otra vez.

No es difícil. Basta mirar lo que mi alumno incrédulo logró con unos cuantos minutos de aplicar técnicas de entrenamiento mental.

Recuerde: Las técnicas mentales poderosas son fáciles de entender y tienen la capacidad de dar resultados con rapidez.

Capítulo 2: Sobre la actitud

Durante una lección, noté que Leo-tai me miraba como si estuviera intentando decidir si yo estaba realmente escuchando o no.

—Una mala actitud puede costarte todo, Daniel-san. No solo afecta a cómo te sientes, sino también a cómo te desenvuelves. Debes recordarlo cuando enseñes —me dijo.

Así empezaba en ocasiones. Se limitaba a decir algo para ver si atraía mi atención.

Recuerdo haber bromeado con él en una ocasión, diciendo:

—Sé cuándo hace eso.

—¿Qué? —preguntó inocentemente.

—Eso, preguntar para saber si estoy realmente escuchando.

—¿Sí? ¿Y sabías que yo sé cuándo sabes que crees que sabes lo que estoy haciendo?

La verdad es que yo estaba escuchando, pero su método de enseñanza era tan espontáneo que no importaba de qué humor estuviera yo, debía dejarlo de lado inmediatamente cuando él empezaba, o podía ofender accidentalmente su vieja alma creativa… Así que respondí:

—¿A qué se refiere con "cuando yo enseñe"?

—Estoy seguro de que algún día lo harás —dijo—. Ahora, recuerda siempre que un guerrero aprende a controlar su estado mental interno. Y tener una buena actitud siempre ayuda a lograr ese control, al crear una anticipación del éxito. La actitud adecuada ayuda a darle poder al guerrero para que lleve a cabo las acciones necesarias y se concentre en las cosas que deben hacerse. Una buena actitud marca toda la diferencia.

—¿Por qué? —pregunté—. ¿Qué la hace tan poderosa?

—La razón es muy sencilla —dijo él—. Es porque una buena actitud, una actitud positiva, crea optimismo, energía positiva. Y la energía positiva es mucho mejor para lograr que sucedan cosas buenas que la energía negativa. Los guerreros con energía negativa se vuelven víctimas de su propia visión negativa, y pierden porque su propia negatividad los agota. Ganar tiene mucho que ver con tener una buena actitud. No solo en la competencia, Daniel-san, sino también en la vida en general. Siempre debes recordar eso.

Muchos años después, mi mente regresó a esa lección.

Me encontraba tratando con un atleta de la élite que trataba de aceptar una muy difícil pérdida competitiva. Aún muy herido, me preguntó:

—¿De qué sirve trabajar para mantener una actitud positiva? No pareció ayudarme a mí, ¿verdad?

Es en momentos como esos cuando desearía que Leo-tai pudiera hacerse cargo. Cuando un atleta se encuentra desolado, es imperativo manejarse con delicadeza. Intenté explicar lo que Leo-tai me había enseñado (y que había sabido que algún día necesitaría para ayudar a alguien más a entenderlo).

—Escucha —le dije—, sé que estás desilusionado y también sé lo difícil que es, porque he recorrido este camino antes que tú. Pero estoy aquí para decirte, como un maestro viejo y sabio me dijo a mí una vez, que trabajar en mantener una actitud positiva es lo que te permitirá superar estos malos momentos. Una actitud positiva creará la oportunidad para una gran reaparición o para un gran rendimiento. Una actitud positiva jamás actuará en contra de uno mismo. Por el contrario, una actitud negativa siempre encontrará la manera de actuar en contra de uno. Aunque encontremos la manera de ganar a pesar de una mala actitud, eso no cambiará el hecho de que nuestro rendimiento podría haber sido mucho mejor.

Como Leo-tai hacía conmigo, me encontré mirando al atleta para ver si estaba escuchando. No me gusta ofrecer los consejos de Leo-tai cuando un atleta no está prestando atención. En este caso parecía estar escuchando, así que proseguí.

—Un campeón aprende la habilidad de cambiar las cosas dentro de su mente —continué explicando—. Aprende a ver un obstáculo negativo como algo temporal y, más aún, como una oportunidad para lograr cambios positivos. Él sabe que las cosas que puede aprender de su derrota lo harán aún mejor, incluso más fuerte a largo plazo. El Guerrero Mental aprende de las cosas malas y no permite que lo distraigan de alcanzar su verdadero potencial.

—Así que, debes mantener tu diálogo interno positivo. Mantén tu visión positiva. Al hacerlo, te das a ti mismo la mayor posibilidad de rendir bien. Enfréntate a tus sentimientos internos con valor y determinación, y nunca permitas que una mala actitud te impida lograr el nivel de éxito personal del que eres capaz.

—Nunca te castigues después de una derrota. Siempre se puede obtener algo positivo, algo que aprender, incluso de una situación negativa —le dije.

—Recuerdo cómo, después de una muy difícil y decepcionante pérdida, uno de mis niños campeones lo resumió diciendo: "Estaba haciéndolo bien. Soy mejor que él. No estoy seguro de lo que sucedió, pero la próxima vez no será tan afortunado". Así que, ya ves, debes decidir mantenerse positivo —le dije—. Hasta un niño puede hacerlo.

—Lo sé —respondió lentamente—. Pero ahora mismo me siento terriblemente mal, siento que he caído muy bajo.

Entendí la pesadez en su corazón y la decepción, y tal como Leo-tai me había enseñado a mí, deseaba que comprendiera que tenía en su interior el poder de cambiar las cosas.

—Mira, intenta lo siguiente —dije mientras señalaba al reloj de pared—. Tómate solamente cinco minutos más para sentirte mal por esto si realmente sientes que lo necesitas y, después de esos cinco minutos, decide empezar a ver esta experiencia como una oportunidad para ayudarte a descubrir cómo crear un cambio positivo en tu nivel de rendimiento. Haz el cambio en tu mente —le insistí.

Levantó su mirada hacia mí y asintió. El control mental empieza con una decisión. Estaba claro que ahora teníamos un trato.

Unos cinco minutos después, lo miré salir de los vestuarios a tiempo, tal como yo esperaba. Podía verse en su manera de caminar que había tomado ya la decisión. El revés temporal se había convertido ahora en una oportunidad para cambios positivos. Había cambiado su perspectiva. Ahora estaba enfocado en las oportunidades que tenía ante sí para cambiar positivamente. Había decidido que su actitud sería positiva.

No siempre es fácil; es necesario tomar una decisión y comprometerse con un punto de vista diferente.

Los campeones pueden hacerlo, y usted también.

Recuerde: El Guerrero/Campeón entiende que una mala actitud le puede costar todo. No solo afecta a cómo se siente, sino también a cómo se desempeña.

Capítulo 3: Cómo obtener la Ventaja Mental

La psicología del deporte estudia lo que hacen las personas exitosas. Una de las cosas más significativas, validadas a través de estudios con grandes atletas, es que, si existen dos grupos iguales de atletas con las mismas habilidades, y un grupo recibe entrenamiento mental pero el otro no, aquellos que recibieron el entrenamiento mental siempre tendrán un desempeño mejor que los que no lo recibieron. ¿Por qué? La respuesta es sencilla: porque aquellos que utilizan habilidades de entrenamiento mental desarrollan una Ventaja Mental.

Una vez, cuando yo era joven, mi abuelo me llevó a ver a Pelé, el legendario jugador de fútbol brasileño, en el Estadio Tampa.

Nunca olvidaré esa noche cálida de verano en la que Pelé dominó el juego con tres intensos goles. Eso fue hace mucho tiempo, pero siempre recordaré la manera en que esquivaba a los oponentes en el campo y hacía movimientos y cambios de dirección para librarse de los defensas, como si el balón estuviera adherido a sus pies, hasta que lo hacía volar al interior de la portería.

Años después me topé con una historia de Pelé en los escritos del difunto Gary Mack, un destacado entrenador mental que había compartido con Pelé lo que consideraba las dos claves del éxito: el Entusiasmo y la Ventaja Mental.

Pelé le contó a Gary la rutina que empleaba antes de cada partido en el que participaba. Llegaba a los vestuarios una hora antes y buscaba un rincón tranquilo en la sala. Entonces se recostaba, utilizando una toalla como almohada, y se tapaba los ojos.

Pelé le explicó que empezaba a ver una película dentro de su mente: una película acerca de sí mismo cuando era niño, jugando al fútbol en la playa brasileña. Dejaba que esa película le trajera recuerdos grandiosos de la arena, el tibio sol sobre su espalda, la brisa marina soplando sobre sus sienes. Revivía vívidamente la emoción del juego, la felicidad que le traía. Se sumergía en su amor por el juego, permitiéndose revivir esos brillantes recuerdos, permitiéndose sentirlos.

En resumen, antes de cada partido que jugaba Pelé, se aseguraba de ponerse en contacto con su amor hacia el deporte que practicaba.

Entonces continuaba con su película mental. Pelé describía cómo empezaba a revivir y a observarse a sí mismo en algunos de sus más grandes momentos de las competencias mundiales. Hablaba sobre dejarse sentir y disfrutar la intensidad de esos sentimientos de victoria una y otra vez. Hablaba sobre lo importante que era para él forjar un vínculo fuerte con esos sentimientos e imágenes de su pasado antes de empezar a imaginarse a sí mismo rindiendo al máximo de su capacidad en el partido que iba a comenzar.

Finalmente, Pelé le contó a Gary que se veía a sí mismo en el futuro inmediato: jugando intensamente, anotando goles, esquivando defensas en una película mental hecha exclusivamente de imágenes positivas con fuertes sentimientos de disfrute y triunfo. Se imaginaba todo antes de que sucediera: la multitud, el ambiente, el campo, su propio equipo, sus oponentes… Se veía a sí mismo jugando irresistiblemente como un campeón, como una fuerza que no podía ser detenida. Pero le dijo a Gary que lo más importante era recordar que no se trataba solo de visiones e imágenes, se trataba también de sentir las emociones asociadas con el éxito. Señaló que imaginaba vívidamente lo bien que se sentía con todo aquello.

Solo después de alrededor de media hora de relajación y práctica mental, Pelé empezaba a hacer sus estiramientos y a preparar sus músculos para el trabajo que tenían por delante. Para entonces podía relajarse, porque ya había preparado su mente para la victoria. Cuando entraba trotando en el estadio, ya era (casi literalmente) imparable. Estaba armado y fortalecido para ganar, física y mentalmente. Nadie podía tocarlo.

En ese breve tiempo con Gary, Pelé compartió con nosotros exactamente cómo conectar con las que él consideraba las dos claves esenciales para ganar: el Entusiasmo y la Ventaja Mental.

Yo comparto esta lección con todos mis clientes, y también les sugiero crear un lugar interno, un lugar a donde puedan ir sus mentes antes de cualquier evento con el fin de practicar, visualizar, sentir y prepararse exactamente igual que hacía

Pelé. Allí es a donde irá usted a reproducir y mirar sus "grabaciones mentales de momentos memorables"; allí es donde puede conectar una vez más con la diversión y el amor a su deporte para sentir esa emoción de victoria. Pero, sobre todo, ahí es a donde usted irá para prepararse y obtener la Ventaja Mental antes del combate.

Para el atleta que apenas comienza y quizá aún no tenga éxitos pasados que revivir, yo le sugiero que pretenda que sí los tiene y que se mire a sí mismo como si ya los hubiera logrado. Al fin y al cabo, ¡es su película! Usted es el director y el productor, el editor y el escritor, y cuanta más imaginación pueda poner en ella, mejor. Combine un poco de entusiasmo con sus imágenes y tendrá en su fórmula las dos claves de Pelé para ganar. También es importante practicar a verse superando la adversidad y manteniendo el control sin importar lo que suceda. Esto no es arrogancia, aunque pueda sonar así. Esto crea confianza. La confianza es distinta de la arrogancia, y la confianza es una de las claves para un buen rendimiento.

Utilíce la misma rutina que empleaba Pelé a fin de lograr cosas para usted mismo. Practique combinando relajación, imágenes, sentimientos y entusiasmo en una rutina previa al juego antes de competir, para obtener la Ventaja Mental y una sensación de confianza al iniciar el evento. En esta lección tiene a uno de los más exitosos atletas del mundo contándole lo que hacía él para prepararse para una competencia.

Perlas de sabiduría.

Recuerde: Para poder alcanzar su verdadero potencial, debe practicar sistemáticamente las habilidades mentales y las rutinas previas al juego.

Capítulo 4: Aprendiendo a pilotar aviones militares

Poco después de haber llegado a la Escuela de Candidatos a Oficiales de Aviación en Pensacola (Florida), los jóvenes graduados de universidad conocen a sus instructores.

Los instructores de la Marina que tuvimos durante esos primeros cinco meses de instrucción militar de aviación son lo mejor que ofrece el cuerpo de Marina. Estos instructores se ganaron el derecho de pertenecer al Comando de Escuelas Navales de Aviación, y su trabajo era encontrar y eliminar candidatos débiles de mente que pudieran encontrarse erróneamente asignados al programa de aviación. Eran metódicos, efectivos y profesionales en sus métodos, y eventualmente trabajaban con todos y cada uno de los candidatos. Si no poseías fortaleza mental, probablemente no lograrías superar el entrenamiento. Aquellos de nosotros que sobrevivimos, logramos entrar en la escuela de aviación como oficiales navales recién aceptados.

No pasó mucho tiempo antes de que uno de mis compañeros de clase me buscara para obtener consejos en relación con cierto instructor de vuelo. Algunos de estos instructores eran muy intensos, y el ambiente que creaban desde el asiento trasero de la cabina podía hacer que la parte mental de cualquier misión de entrenamiento se convirtiera en todo un reto. El caso es que mi amigo John había recibido la noticia de que debía repetir una misión de vuelo. Nada bueno. Si eso ocurría dos veces, corría el peligro de ser expulsado de la escuela de vuelo. Además de esto, estaba preocupado por tener que volar de nuevo con ese instructor.

—Dime qué salió mal la última vez —sugerí—. ¿Qué ocurría en tu mente cuando las cosas se pusieron feas?

Él intentó recordar.

—Bien, a causa del mal tiempo, me vi arrastrado de un lado a otro, lo que cambió toda la misión de entrenamiento. Mientras intentaba retomar el control de la situación, pensaba: "¿Por qué a mí? ¿Por qué me toca el mal tiempo? ¿Cuál es el problema de este instructor? ¿Por qué está en mi contra? ¿Qué más puede salir mal? ¿Qué he hecho para merecer todo esto?" —John me miró y se encogió de hombros—. Ya sabes cómo es, un instructor idiota te grita a pleno pulmón, causando confusión, presionando botones, iniciando procedimientos de emergencia, ¡todo eso! —John reflexionó por un segundo—. Más que nada, recuerdo sentirme apresurado.

—Como que te sentías apresurado, probablemente te apresuraste —le dije—. Y cuando eso sucede, interfiere con nuestro rendimiento, sin importar qué es lo que estemos intentando hacer. Apresurarnos aumenta automáticamente la tensión, lo que a su vez ocasiona que haya más errores. Más errores causan más tensión, y es un círculo vicioso: cuantos más errores cometemos, más frustrante se vuelve todo y más fácil es perder la concentración… La regla es no apresurarse cuando existe presión: la precisión te da rapidez. Respira, haz una pausa y aprende a calmarte, pero jamás te permitas apresurarte.

—También recuerdo que comencé a cuestionar mis acciones, y eso tampoco me ayudó —dijo John.

—Exacto. Si comienzas a analizar en exceso la situación, es posible que desencadenes un diálogo interior negativo en tu mente. Recuerdo que cuando mi instructor de artes marciales, Leo-tai, se percataba de que yo estaba haciendo eso, sacudía la cabeza y me decía que debía empezar por eliminar los pensamientos negativos, que tenía que dejar de pelear conmigo mismo.

—¿Cómo? —preguntó John.

—Me enseñó a interrumpir cualquier pensamiento negativo en el momento en el que lo notara, diciéndome a mí mismo "cancelar/cancelar", y a reemplazar inmediatamente la negatividad desencadenando un diálogo interno positivo. Cosas como: "Soy rápido, soy bueno, estoy concentrado". Siempre decía que no debía permitir que los pensamientos negativos interfirieran. Tienes que cancelar la negatividad y alimentar tu creencia en ti mismo. Esto mejorará tu concentración y tu confianza en ti mismo. Disminuirá tu nivel de tensión, lo cual te ayudará a desempeñarte mejor. El proceso de apartar el diálogo interno negativo empieza interrumpiéndolo y sustituyéndolo inmediatamente.

John estaba escuchando.

—Eso tiene sentido —admitió—. El asunto es que aún pienso que este instructor tiene un problema personal conmigo.

—De acuerdo, eso lo convierte en un oponente serio. Y con un oponente serio debes tener una idea clara en tu mente de lo que necesitas hacer para vencerlo. Una vez que tienes claro lo que tienes que hacer para ganar, debes mantenerte concentrado en la tarea más importante, para que, haga lo que haga para vencerte, no pueda afectar a tu concentración. No puedes permitirle que te altere ni se interponga entre tus objetivos y tú. Si logra interrumpir tu concentración, él ganará y tú perderás, particularmente en entrenamiento de aviación militar. Tienes que mantenerte concentrado en la tarea. No puedes permitir que tu oponente te robe la concentración.

—Eso es exactamente lo que ocurrió la última vez que volamos —admitió John—. Y eso es lo que realmente me preocupa. Sabes lo intenso que es pilotar aviones. Nos movemos muy rápido. En cuanto me alteró, todo fue cuesta abajo. Francamente, me espanta volar con este instructor de nuevo. Imagino que esto es lo que se siente al tener que pelear con un oponente que ya te ha derribado antes.

—Cualquiera puede tener un golpe de suerte —le dije—. Sal de ese estado mental. El pasado no es igual al futuro. Deja tu mala experiencia con esta persona en el pasado, donde pertenece. No sabotees tu próximo ejercicio alimentando tu cerebro con sentimientos negativos sobre algo que aún no ha ocurrido. El arte del entrenamiento mental enseña que nuestro rendimiento seguirá los pensamientos e imágenes mentales que tengamos. En otras palabras: obtendrás lo que veas en tu mente. El cerebro te ayuda a obtener tus metas cuando le muestras los resultados que quieres que produzca, así que asegúrate de no quedarte nunca con imágenes o sentimientos de resultados que definitivamente no deseas.

—¿Qué significa eso? —preguntó John.

—Significa que uno de los aspectos más importantes de competir en algo es aprender a entrar en la competencia mentalmente preparado para hacerlo lo mejor posible… Además de desactivar los pensamientos negativos en el instante que aparezcan, quiero que trabajes en conectar tus sentimientos e imágenes de éxito con el evento preciso que tienes ante ti. Debes mostrarle a tu mente lo que deseas que suceda la próxima vez que vueles con este instructor. Y debes empezar a hacer este entrenamiento lo antes posible.

En el siguiente par de semanas, John reservó algo de tiempo para practicar la "Ingeniería de la Imaginación" (como usted también aprenderá en una lección posterior) en sesiones de relajación diaria. Durante ese tiempo, únicamente se permitía asociar en su mente imágenes y sentimientos de victoria y éxito con el evento próximo en el que se enfrentaría a su oponente.

Usando su mente, se imaginaba a sí mismo con gran lujo de detalles como el profesional de aviación militar por excelencia, rindiendo al máximo bajo situaciones de extrema presión. Practicaba a verse y sentirse dueño de una gran habilidad para mantenerse concentrado en su objetivo sin importarle nada más. Podía incluso verse y sentirse aislado de cualquier pensamiento negativo en el momento en que éste surgiese, reemplazándolo con un diálogo interno que lo revestía de poder.

¡Sus esfuerzos dieron frutos! Más tarde, John me dijo que venció a su oponente en dos ocasiones durante las semanas posteriores, y hoy John es un capitán con mucha experiencia que trabaja para una gran aerolínea.

Lo que esta historia nos enseña es que, al utilizar técnicas de entrenamiento mental, podemos superar obstáculos que de otra forma nos habrían impedido alcanzar metas que son importantes para nosotros fuera del ámbito deportivo. En otras palabras: utilizando correctamente las técnicas mentales, podemos alcanzar nuestros sueños.

Recuerde: Interrumpa los pensamientos e imágenes negativos en el momento que ocurran, desactívelos en ese instante. Reemplácelos con pensamientos positivos e imágenes positivas. Concéntrese en mostrarle a su cerebro exactamente lo que usted quiere lograr y nunca se insista obsesivamente en lo que no desea que suceda.

Capítulo 5: La importancia de creer en uno mismo

Recuerdo una vez, en el estado de Washington, que Leo-tai y yo estábamos realizando una excursión a lo largo del Sendero de las Crestas del Pacífico. Leo-tai amaba la belleza de esas montañas. Ahí conocimos a un individuo extravagante, probablemente un joven ermitaño, que nos hablaba incesantemente de extraterrestres y platillos voladores que aparecían por todas las áreas naturales de la zona después de oscurecer.

Esa noche en el campamento, después de bromear y reír con las historias de extraterrestres que contó el joven, Leo-tai y yo sentimos la presencia de... alguien. Ambos nos pusimos de pie en el mismo instante y miramos hacia la oscuridad. A nuestro alrededor, en el límite con la oscuridad, había muchos pares de ojos amarillentos que no parpadeaban. No pude adivinar a qué tipo de criaturas pertenecían, pero nos rodeaban en la oscuridad, reflejando la luz de nuestro fuego casi extinguido. No mentiré, me sentí nervioso al contar siete pares de ojos.

Leo-tai estaba calmado, pero yo inmediatamente comencé a lanzar piedras con fuerza. Supuse que, si eran extraterrestres, al menos podría romperle el cráneo a uno con una de mis piedras.

Mientras tanto, Leo-tai avivaba el fuego.

—Sería mejor que me ayudase —lo apremié— ¡No se están ahuyentando!

Leo-tai dio la espalda al fuego y comenzó a lanzar rocas con mucha puntería. "No está mal para un anciano", pensé. Aun así, nos sobrepasaban en número y daba miedo. Además, el silencio de esas criaturas a nuestro alrededor exacerbaba el sentimiento. Entonces, repentinamente, alcanzamos a ver a qué nos estábamos enfrentando.

¡Una jauría de mapaches al acecho! Eran salvajes y malvados, y continuaban acercándose, seguramente en busca de alimento. Luchamos intensamente mientras seguían intentando acercarse e intimidarnos para que huyéramos. Parecían no tener miedo de nosotros. Me pregunté si estarían infectados de rabia.

Después de varios minutos de ataques por su parte y defensa por la nuestra, Leo-tai de alguna manera presintió cuál de ellos era el líder de la manada. Sin prestar atención a varios de ellos que se encontraban más cerca, lanzó una roca al líder, golpeándolo justo entre los ojos con un proyectil a la velocidad del sonido. Fue el golpe de mayor precisión que he visto.

¡Bang!

—¿Quién quiere más? —exclamó Leo-tai. El líder retrocedió, aturdido, y entonces escapó corriendo con la manada entera detrás de él.

—Excelente puntería —dije, casi sin aliento—. Pero ¿qué fue todo eso? ¿Desde cuándo se comportan así los mapaches?

—Era un grupo sin miedo. —Sonrió Leo-tai, sacudiendo la cabeza. Entonces me preguntó—. Daniel-san, ¿en algún momento pensaste que no ganaríamos?

Pensé en mi respuesta un momento.

—En realidad no. Solo sabía que era algo serio, que era momento de luchar, y que luchar era exactamente lo que iba a hacer.

Mi maestro sonrió.

—Muy bien, Daniel-san. Creer en uno mismo. Siempre debes empezar creyendo que tienes lo que se requiere. Cuando la presión empieza, cuanto más creas en ti mismo, mejor te desempeñarás. Sin creer fuertemente en uno mismo, el guerrero no llega a ninguna parte. Debes creer que puedes ganar, y esa creencia en ti mismo te pone en la posición adecuada para ganar.

—¿Está usted hablando de confianza? —pregunté.

—No del todo. La confianza es resultado de creer intensamente en uno mismo. Cuanto más poderosa sea la creencia en uno mismo, mayor confianza tiene el guerrero cuando existe presión. Y cuanto mayor la confianza en sí mismo, mejor se desempeñará.

—Entonces, ¿creer en uno mismo trae consigo la confianza que nos dará más poder?

—Así es. Cuando realmente crees que puedes ganar, Daniel-san, algo extremadamente poderoso comienza. Así, para poder construir el sistema más poderoso de creencia en uno mismo, el Guerrero/Campeón aprende a usar su imaginación para verse en su propia mente logrando su más deseado éxito mientras se encuentra en un profundo estado de relajación consciente. Esto es clave para mejorar la creencia en uno mismo, la base se encuentra en lo más profundo de la mente.

Lo que Leo-tai quería decir es que nuestro sistema de confianza en nosotros mismos se forma a lo largo de los años, con nuestras experiencias, recuerdos e influencias externas, pero cualquiera puede refinar y mejorar su propio sistema de creencia en uno mismo utilizando las herramientas de imaginación y relajación. El campeón se ve y se siente teniendo éxito en su mente en repetidas ocasiones, mucho antes de llegar a la competencia. Así es como mejora su creencia en sí mismo desde el interior.

—Enséñales, Daniel-san, que el Guerrero/Campeón hace el trabajo mental desde el interior.

Y, con eso, Leo-tai desapareció en su tienda de campaña.

Pensé para mis adentros: "Mmm… Eso ha sido un poco dramático. ¿Qué estará pensando? Debe estar muy seguro de que no tengo preguntas, y de que la jauría de mapaches no regresará.

—Oiga, ¿esto significa que ya se va a dormir? —pregunté.

—Hasta mañana —dijo la voz dentro de la tienda de campaña—. Soy mucho mayor que tú, mi amigo, y estoy cansado.

No pude evitar preguntar una cosa más.

—De acuerdo, pero ¿y si regresan los mapaches?

Sin un momento de duda respondió:

—Pues la respuesta es muy clara, Daniel-san. Si los mapaches atacan de nuevo… Entonces perderán de nuevo.

Recuerde: La creencia en uno mismo es la que hace que todo funcione.

Capítulo 6: La ingeniería de la imaginación y la autoconfianza

La ingeniería de la imaginación es la técnica mediante la cual le mostramos a nuestra mente cómo queremos que sucedan las cosas. El concepto fue usado originalmente por el primer soñador legendario, Walt Disney. Todos deberíamos seguir su consejo y permitirnos practicar la ingeniería de la imaginación, rica en sensaciones. Los campeones la utilizan antes de sus eventos. También es utilizada frecuentemente por otras personas para lograr completar con éxito un proyecto o una meta a largo plazo. Esta simple práctica ha demostrado ser tan esencial y efectiva que el atleta que no la emplea, según parece nunca alcanza su verdadero potencial. (Es interesante reseñar que se han observado los mismos resultados en actores y músicos). Para cualquier tipo de evento, la preparación mental es tan importante como el entrenamiento físico. Por eso, si excluye la ingeniería de la imaginación de su preparación, se estará perjudicando a sí mismo y beneficiando a su oponente.

Imagine entrar a una competencia habiendo visto y sentido la experiencia entera con anterioridad en su propia mente: la multitud, los entrenadores, el lugar del evento y su propio rendimiento. Es una experiencia fascinante que crea una increíble sensación de confianza.

La clave principal de la ingeniería de la imaginación es no limitarse a ver y escuchar, sino sentirse teniendo éxito una y otra vez. Asegúrese de poner emoción en su práctica mental. Practique las emociones junto con las imágenes, incluyendo aquellas relacionadas con superar la adversidad y tener la capacidad de salir adelante de aprietos y situaciones desafiantes.

Nunca se permita albergar imágenes o sentimientos de derrota durante sus sesiones de ingeniería de la imaginación. Esto es porque cualquier impresión que llegue al subconsciente será aceptada como verdad, y aquello que el subconsciente crea que es verdad afectará a su rendimiento. Utilice imágenes y sentimientos de poder y éxito, lo que resultará en motivación y buen rendimiento desde su interior, en línea con esas imágenes y sentimientos.

Sin embargo, si alimenta su mente con sugerencias de preocupaciones o fracasos, se derrotará a sí mismo sin necesidad de tener un oponente.

Lo que debe ensayar una y otra vez es el éxito, la victoria y su habilidad de superar la adversidad con efectividad. Relájese y esté tranquilo, debe verlo en su mente, sentirlo y aceptar que viene. Este proceso de condicionamiento para el éxito pone las cosas en movimiento. Crea confianza, y la confianza es uno de los resultados más importantes del buen entrenamiento mental. La confianza más poderosa es resultado de la preparación física y mental; ganar y lograr las metas tiene todo que ver con la preparación.

Si cree que ahora tiene autoconfianza y aún no emplea técnicas de entrenamiento mental, entonces no puede empezar a imaginar siquiera lo que se está perdiendo, ni entender lo mucho que puede mejorar con el entrenamiento mental. Ese conocimiento se adquiere solamente a través de la práctica.

Recuerde: La ingeniería de la imaginación es vital porque lleva a una mayor creencia en uno mismo y a una mayor autoconfianza, que a su vez conducen a un mejor rendimiento y mayores logros.

Capítulo 7: Los tres puntos críticos

A lo largo de las lecciones, se mencionan la respiración, la relajación y las imágenes mentales porque son herramientas fundamentales para el Guerrero/Campeón. Yo las denomino "Los tres puntos críticos". Recuerdo cuán frecuentemente hablaba Leo-tai de ellos. Son cruciales para crear el Estado Mental Ideal del que surge el rendimiento máximo.

En ocasiones, los clientes tienden a analizar en exceso la manera "correcta" de practicar la respiración o la manera "correcta" de entrar en relajación profunda. Siempre es divertido mostrarles que en realidad es mucho más fácil de lo que pensaban.

Primero aprenderemos la respiración.

Tengo un recuerdo de Leo-tai una vez que me quedé observándolo en lo alto de una montaña, y estaba tan cerca del precipicio que me preocupaba que se fuera a caer. Estaba practicando lo que él llamaba su respiración enfocada, y en unas ocasiones sus manos fluían al ritmo de su respiración en movimientos circulares lentos y equilibrados, y en otras no.

Me había enseñado a hacer exactamente lo que él estaba haciendo, inspirando el aire por la nariz lenta y profundamente hasta el fondo de mis pulmones mientras expandía mi diafragma. Después, tras mantener el aire dentro de mí por unos momentos, expulsaba lentamente el aire hacia afuera moviendo el diafragma hacia adentro. Me explicó que es importante dejar salir el aire a través de la boca ligeramente abierta y relajada, mientras se mantiene la punta de la lengua presionada ligeramente contra la encía, detrás de los dientes delanteros, y tocando el paladar.

Después le pregunté qué pasaba por su mente mientras practicaba la respiración.

—Nada —respondió—. Solamente trato de observar mi respiración, eso es todo. Si un pensamiento viene a mí, no le presto atención y pronto se desvanece. Cuanto más me centro en la respiración, cuanto más la observo, más se acallan mis pensamientos. Y también ten en cuenta que puedo practicar la respiración sin forma alguna, en cualquier momento que lo necesite.

—¿A qué se refiere con "sin ninguna forma"? —pregunté.

—Puedo practicar mi respiración enfocada cuando quiero, incluso ahora que me encuentro sentado contigo —me explicó—. Practico la respiración enfocada para mantenerme centrado, para ayudarme a volver al presente. Puedo hacerlo sin forma. No me ves moviéndome o fluyendo como hace un maestro de tai-chi, ¿verdad? Sin embargo, aún estoy practicando mi respiración enfocada.

Nunca sabré por qué, pero la certeza y simplicidad de las palabras que dijo ese día nunca me han abandonado. Estoy agradecido porque, gracias a ello, he aprendido por experiencia que, gracias a la respiración enfocada que me enseñó, he sido capaz de lograr el control mental o la concentración que se requería para cualquier reto serio con el que me pudiera enfrentar en un momento dado.

Así que, de ahora en adelante, cuando se mencione la respiración enfocada en cualquiera de las otras lecciones, usted sabrá exactamente lo que estamos describiendo, cómo se hace y por qué es parte de la combinación de herramientas que nos ayudan a lograr el control mental. Es importante practicar la respiración enfocada si deseamos ser capaces de obtener el poder de la técnica.

Hay un segundo concepto importante mencionado en El arte del entrenamiento mental que Leo-tai jamás se cansó de explicar, una y otra vez, año tras año. Intentaré explicarlo como él lo explicaba: el concepto de relajación, tanto mental como física.

¿A qué nos referimos por relajación? ¿Y por qué es la práctica de la relajación tan importante para el atleta y el Guerrero Mental? La relajación importa porque, cuando se emplea junto con las imágenes mentales, facilita y permite a nuestro subconsciente (la mente interior) ver claramente nuestras imágenes de éxito y sentir las emociones de triunfo.

Solamente cuando estamos en un estado profundo de relajación, la mente consciente deja de actuar como un filtro para nuestra mente interior. Cuando la mente consciente y crítica se hace a un lado a través de la relajación (durante varios minutos), nuestra ingeniería de la imaginación puede llegar directamente a la mente interior. Entre otras cosas, la mente interior es un mecanismo que anhela lograr las metas. Muéstrele sus metas a través de imágenes y con los sentimientos propios de haberlas logrado ya, y su mente interna se dedicará a ayudarle a hacerlas realidad. La mente interna acepta todo esto como verdad, aparentemente diciéndose a sí misma que, dado que es verdad, entonces estos son los pasos que deben darse para lograrlo.

Y eso es de importancia vital porque, al combinar la respiración, la relajación y el tercer elemento crítico, la ingeniería de la imaginación, el atleta mental es capaz de acceder a un recurso interno diseñado para ayudarle a lograr sus metas.

Viniendo desde el interior, su motivación y su fuerza de voluntad se tornan más fuertes y más enfocadas. Empezando desde el interior, pronto se encontrará haciendo con más facilidad todo lo que se necesita para lograr sus metas. Cuando la mente interior puede ver lo que usted desea, es capaz de ayudarle a lograrlo. Las habilidades de relajación son las que abren las líneas de comunicación entre la mente interior y la ingeniería de la imaginación. La respiración adecuada le ayuda a profundizar en la relajación siempre que lo desee.

¿Qué implica la práctica de la relajación? ¿Y cómo se practica para establecer esas líneas de comunicación?

La habilidad de lograr un estado de relajación profunda con facilidad y rapidez llega solo con la práctica. Después de varias semanas de práctica, uno puede entrar en un estado de relajación profunda unos minutos después de decidir hacerlo y, para algunas personas, puede suceder incluso más rápido.

Les digo a mis clientes que consideren la posibilidad de practicar y desarrollar esta habilidad utilizando el siguiente proceso. Les recuerdo que, si permiten que el proceso ocurra naturalmente, así sucederá. No se puede forzar la relajación, pero, con práctica, cualquiera puede aprender a llegar a la relajación con facilidad.

Sitúese en un espacio tranquilo donde no le molesten. Recuéstese sobre su espalda, con los pies ligeramente separados, los brazos extendidos y ligeramente separados de su cuerpo, con las palmas de las manos hacia abajo, y asegúrese de estar lo más cómodo posible antes de proceder. Es decir, sin ropa ajustada o incómoda, sin sentir frío ni calor, etc. Póngase cómodo.

Ahora, mire fijamente algún punto del techo por encima de usted. Permaneciendo lo más quieto posible, comience por tomar tres respiraciones largas y muy profundas, inhalando por la nariz. Mantenga el aire dentro por unos momentos, y después exhale lentamente a través de la boca. Con cada respiración que exhale, sienta una ola de relajación cubriéndolo mientras usted se deja llevar y comienza a disfrutar del proceso.

Mientras exhala la tercera respiración, permita que sus párpados se cierren lentamente. Durante las siguientes diez respiraciones, imagine que sus párpados pesan cada vez más. Quiero que repita en su mente las palabras "más profundo" mientras exhala, y que deje que desaparezcan toda la tensión y los pensamientos cada vez que exhale. Permítase profundizar más en la relajación con cada respiración. Si su mente se distrae, no importa, tan solo vuelva a concentrar suavemente su atención en aprender cómo relajarse y dejarse llevar mientras exhala y repite en su mente: "más profundo". Después de diez respiraciones relajadas, está preparado para empezar a enfocarse en relajar los músculos de todo su cuerpo.

Comience con los dedos de los pies y empiece a ascender por su cuerpo mientras la relajación total se hace con el control. Concéntrese en relajar todos y cada uno de los músculos de su cuerpo. Los dedos de los pies, las pantorrillas, los muslos, los abdominales, el pecho, la espalda, los brazos, los hombros e incluso el cuello: relaje completamente todos los músculos. Continúe ascendiendo hacia los músculos faciales y el cuero cabelludo. Visualice cada músculo relajándose, y sienta cómo una ola de relajación fluye profundamente por todos sus músculos, por todo su cuerpo. Permítase profundizar más en la relajación con cada respiración que tome.

No lo acelere, no lo fuerce, simplemente permita que sus músculos se aflojen y se relajen naturalmente mientras usted experimenta la serenidad de la relajación total. (En ocasiones, mis clientes me dicen que un brazo o una pierna se contrae o se mueve involuntariamente por un instante, y eso les preocupa. No es nada de qué preocuparse, es la tensión profundamente oculta que se está liberando. La liberación de esta tensión oculta es terapéutica y sana).

Permítase disfrutar este estado de relajación durante alrededor de veinte minutos, quizá un poco más. Flote en este mar de relajación sana y, durante este tiempo de profunda relajación, obsérvese a usted mismo como si estuviera en una película, proyecte imágenes en su mente de sí mismo logrando lo que desea. Véalo como si fuera real. Siéntalo. Muéstrele a su mente imágenes y sentimientos de lo que logrará. Véalo claramente y obsérvese lográndolo. Viva esa experiencia en su interior como si ya fuera realidad.

Recuerde que ahora, a través de la relajación profunda, ha abierto un canal directo con su mente subconsciente. Preséntele imágenes y sentimientos de éxito a través de sus "películas", y entonces le ayudará a lograr sus metas. Con esta práctica, está poniendo en marcha una fuerza poderosa procedente de lo más profundo de su mente, una fuerza que lo ayudará a avanzar hacia el éxito que ha imaginado.

Después de unos veinte minutos de relajación profunda y "condicionamiento del éxito" empleando sus sentimientos e imágenes mentales, es el momento de regresar a un estado de consciencia completa o, por el contrario, de permitirse entrar en un sueño tranquilo. Esto depende de usted.

Si es momento de dormir, déjese adormecer. Sin embargo, si necesita volver a un estado de consciencia completa, existe una manera sencilla de lograrlo. Imagine una escalera con cinco peldaños de subida. Obsérvese subiendo lentamente estos peldaños y dígase a sí mismo que con cada peldaño que ascienda se sentirá más fresco, más alerta y más despierto. Y, cuando llegue al escalón superior, se sentirá descansado, relajado y rejuvenecido, totalmente alerta y listo para seguir con su día.

Cuando llegue al peldaño superior, deje que se abran sus párpados, inhale profundamente y estire su cuerpo. (Si practica la relajación durante el día con un horario limitado, no hay problema en emplear un reloj con alarma para asegurarse de regresar puntualmente a sus actividades en caso de que la relajación profunda lo conduzca a una siesta no planeada).

Así es como el Guerrero Mental emplea la respiración, relajación e imágenes de éxito. No lo hace solo una vez. Incorpora las tres en su rutina de entrenamiento, haciendo repeticiones a lo largo de semanas y meses, de tal manera que el condicionamiento del éxito tenga la oportunidad de ser absorbido por el subconsciente y arraigue, ayudando así a mejorar la creencia en uno mismo, la autoconfianza y el rendimiento. A través de estas prácticas, el Guerrero Mental es capaz de conectar con su subconsciente y utilizar su poder para que lo ayude a lograr sus metas.

Recuerde lo que Leo-tai me dijo una vez: "El Guerrero Mental aprende la respiración enfocada, la relajación y las imágenes mentales, y después comienza a utilizarlas".

Capítulo 8: El Guerrero Mental

Vi un destello plateado cuando sacó la pistola que llevaba escondida en la espalda. Yo tenía mi arma en la mano y estaba a cubierto. Él se había quedado en campo abierto y yo tenía el camino despejado para un tiro. Él aparentaba unos cuarenta años, con ojos oscuros y hundidos, tenía el aspecto del criminal que era. Lo había rastreado y perseguido. Mi equipo estaba a mi espalda, lo teníamos acorralado. La adrenalina corría por mi cuerpo. Frente a mí, a solo ocho metros, se encontraba un criminal fugitivo que sostenía un arma en la mano con la intención de usarla contra mí.

—Suéltala —le dije firmemente, sin dejar de mirarlo ni por un instante a través de la mirilla de mi arma.

El criminal no tenía mucho que pensar, dada su desventaja en arma y posición. Lo único que tenía que decidir era si quería vivir o morir. Se dio cuenta de que no había más posibilidades. Bajó el arma. Cuando lo tuvimos esposado y nos dirigíamos a nuestra ubicación, comprendí lo sucedido. Por fin el narcotraficante asesino que había arrebatado la vida a uno de nuestros agentes estaba bajo custodia.

Hasta el día de hoy, le atribuyo al entrenamiento de Leo-tai el mérito de ser lo que más me ayudó a no apretar el gatillo de mi pistola con balas especiales, Black Talon de 9 milímetros que me había entregado el gobierno, y dispararle cinco o seis veces en el pecho.

"¡Qué trabajo tan loco!", recuerdo haber pensado mientras me sentaba por un momento para dejar que se disipara toda esa energía. Mientras lo hacía, mi mente regresó a una ocasión en la que Leo-tai me describió al Guerrero Mental...

Estábamos caminando en las colinas y, como de costumbre, él iba por delante con ese paso incansable cuyo ritmo a veces hasta yo tenía problemas para mantener... Hacía calor y yo disfrutaba de la brisa mientras ascendíamos y la humedad comenzaba a disminuir.

Cuando alcanzamos la parte más alta del camino, nos detuvimos, descansamos y admiramos la vista mientras me decía lo que había planeado decirme.

—Daniel-san —me dijo—, para poder convertirte en un Guerrero Mental, debes aprender a reconocer al Guerrero Mental; debes entender a dónde te lleva el entrenamiento.

Tenía toda mi atención. Esto es lo que me dijo:

—No se puede intimidar a los Guerreros Mentales. Su autoconfianza está arraigada demasiado profundamente para poderla sacudir. Entran en escena para dominar. Aman competir; la competencia les da energía. Repelen los pensamientos negativos, controlan su ambiente interior. Saben cómo mantenerse concentrados incluso en las circunstancias más complicadas.

Y añadió:

—Los Guerreros Mentales siempre están listos. Han aprendido a manejar la presión y nunca dejan de avanzar. Se niegan a perder, nunca se rendirán y trabajarán pacientemente para encontrar una solución, una manera de ganar. Los Guerreros Mentales no aceptan no intentarlo.

Leo-tai siguió hablando:

—Los Guerreros Mentales se concentran en sus objetivos. Saben lo que quieren hacer y buscan cómo lograrlo. Sus sueños y metas los motivan para destacar. Son dedicados. Saben cómo controlar sus emociones y no permiten que estas saboteen su rendimiento. Los Guerreros Mentales nunca pierden la serenidad y el autocontrol en el fragor de la batalla.

—Sobre todo, Daniel-san, los Guerreros Mentales son valientes, tienen corazón. Tienen el valor y la fortaleza interior para lograr su potencial verdadero. Entienden el poder de la imaginación, la concentración y la coherencia.

Leo-tai cerró la lección de ese día recordándome que la única manera en la que uno puede llegar a ser un Guerrero Mental es practicando lo que el Arte enseña.

Recuerde: Uno tiene que practicar para poder llegar a ser.

Capítulo 9: El control de la ira

—Vamos a repasar, Daniel-san —me dijo mientras nos sentábamos. A veces, después de un entrenamiento, nos sentábamos a tomar un té y a disfrutar de la vista de la costa desde su patio—. En este momento entiendes que todas las emociones, tanto las positivas como las negativas, provienen de lo que estamos pensando. Entiendes que, cuanto más fuerte sea el sistema de creencia en sí mismo que construye el guerrero, mejor. Entiendes que creer en uno mismo y tener buena actitud, confianza y pensamientos positivos son lo que ponen todo en marcha. Entiendes que las emociones afectan al resultado. Así que, si surgen emociones malas, entiendes que hay maneras de controlar su impacto sobre el resultado, ¿cierto?

—Entendido.

—Bien. Entonces también sabes cómo las imágenes, la respiración enfocada y la relajación ayudan a darnos una ventaja mental sobre la competencia.

—Complicado —bromeé.

—Ponte serio, Daniel-san, y presta atención, porque el día de hoy vamos hablar de la ira. Todos nos enojamos, esto es normal. Sin embargo, siempre debes recordar que si el guerrero no controla su ira, esta siempre terminará controlándolo a él. Y, cuando eso suceda, la victoria será algo más difícil de obtener. Verás: la ira es una respuesta emocional. Antes de que la emoción se haga con el control, el guerrero debe redirigir esa energía. Los campeones reales trabajan para desarrollar una habilidad que les permita controlar su ira para que no pueda dañar su rendimiento.

Me costaba trabajo entenderlo.

—¿Significa que acaban por no sentir esa emoción?

—En absoluto. Significa que han aprendido cómo canalizar dicha emoción para que no afecte negativamente a su concentración y su rendimiento. Con la ira, una vez que la emoción surge o hierve en su interior, los campeones deciden conscientemente emplear la energía, pero no se permiten perder el control y caer víctimas de la ira.

—¿Cómo?

—Se preguntan a sí mismos: "¿Quién está al mando aquí? ¿Yo? ¿O la furia que hay dentro de mí?" Con ese simple acto, el espíritu guerrero comienza a retomar el control. Y ese control empieza con una sencilla elección, una decisión. El guerrero decide canalizar la ira para reforzar su determinación y hacerla más fuerte. Redirige la ira hacia un juego más duro. Crea una resolución más fuerte de vencer a la competencia y elevar su nivel de juego. En vez de perder el control ante la ira, se convierte en un asesino sonriente; está enfadado, sí, pero es un enfado frío y calculador. Emplea la intensidad y la pasión de la emoción, pero no pierde el control ante ella. El campeón sabe que, para desempeñarse bien, debe mantener el control. ¿De qué otra forma podría controlar su rendimiento?

—De acuerdo, entonces ¿cómo se logra manejar la intensidad de la emoción? —le pregunté.

—Se empieza siempre tomando la decisión de no permitir que la emoción te controle a ti —explicó Leo-tai—. Concéntrate y usa la respiración dirigida para ayudar a manejar la intensidad. Emplea el diálogo interno con sugerencias como: "Mantente tranquilo, relájate, cálmate" para ayudar a mantener el control. Las imágenes y las técnicas de relajación también son herramientas poderosas que pueden usarse para manejar la intensidad de una reacción de ira. Todas estas cosas, aplicadas y practicadas, ayudarán. Pero siempre tiene que haber primero, antes que nada, una elección.

—Y, Daniel-san, si en algún momento sientes que debes liberar tu ira, recuerda que es mejor hacerlo en privado para que no interfieras con la confianza que el equipo tiene en ti. Si les permites verte perder el control, aunque sientas que lo necesitabas, estarás dañando esa confianza.

Recuerde: Si surge la ira, tome la decisión de no permitir que lo controle. Use las técnicas para redirigir la energía, y use esa energía para reforzar su determinación. Sea como el asesino sonriente que ha localizado su objetivo.

Capítulo 10: Hubo disparos

Todo el tráfico típico de las comunicaciones de radio de la policía se interrumpió bruscamente.

—¡Disparos! ¡Hubo disparos! ¡Agente abatido! ¡Uno Cero Ocho a Control, necesitamos ayuda! ¡Agente abatido!

En llamadas como estas, el centro de comando de comunicaciones responde con una emisión de tres pitidos que indica a todos que deben despejar los canales. Tres fuertes "Biiiiiiiip" seguidos con:

—A todas las unidades, hubo disparos, disparos. Uno Cero Ocho, indique su posición.

—Uno Cero Ocho cerca de la esquina noroeste de la calle 5 y Hines, ubicación 3, ¡nos han tendido una emboscada! ¡Agente caído con una herida en la cabeza! ¡Agente abatido! —Se escuchaban disparos a través de la transmisión de radio, mientras la emoción de la voz que informaba me producía escalofríos—. Repito, estamos acorralados, necesitamos refuerzos y paramédicos en la ubicación 3. Dos Cero Nueve ha caído con una herida en la cabeza. ¡Dios mío, apresúrense, envíen ayuda!

—A todas las unidades, a todas las unidades, hubo disparos, agente abatido, ubicación 3, a todas las unidades, respondan —dirigió la voz del centro de mando.

La llamada me impactó como un puñetazo en el rostro. Me sacudí la sorpresa y pasé a la acción. Mi compañero esa noche era el encargado del caso: un veterano experimentado y muy respetado. Jake y yo nos miramos el uno al otro. Los de la emisora de radio eran nuestros agentes. Nos estaba sucediendo de verdad. Una ronda de vigilancia rutinaria se había tornado mortal sin advertencia alguna.

Pocos minutos después respondían otros agentes de nuestro grupo especial federal y de la policía local. Rápidamente comenzaron a establecer un perímetro alrededor del área para mantener al francotirador encerrado. Los paramédicos y todas las unidades disponibles estaban en camino.

La idea era cerrar el perímetro para que nadie saliera. Una de las agencias comenzó a instalar un puesto de mando en un estacionamiento cercano.

Los traficantes de narcóticos de alto nivel pueden ser despiadadamente violentos. Esta noche lo demostraron una vez más. El corazón me latía con fuerza mientras corríamos hacia el lugar.

Cuando algo así sucede, las únicas personas que usan la emisora de radios deben ser quienes se encuentran en la escena. El resto debe escuchar los detalles. ¿De dónde vienen los disparos? ¿Desde qué dirección no debemos acercarnos? ¿Dónde está el agente herido? El objetivo es despejar el camino hasta él, repeler cualquier ataque y prestar ayuda inmediata.

Cuando llegamos a la escena, ya estaba oscureciendo, el perímetro estaba colocado y había un helicóptero sobrevolando. Nuestro objetivo inmediato era llegar al agente al que habían disparado. Cuando nos acercamos, nos encontramos con un automóvil de la policía vigilando el perímetro y bloqueando el acceso.

—No pueden pasar —dijo uno de los oficiales.

Nos identificamos con nuestras credenciales y placas. A pesar de ello, se negaron.

—Lo siento. El puesto de mando dice que nadie entra ni sale.

—¿El puesto de mando? Escuche, soy el agente a cargo del caso —afirmó Jake—. Les estoy diciendo que retiren el vehículo o lo arrastraré con mi automóvil. ¿Entienden? Tenemos un agente herido y su compañero está pidiendo ayuda. ¡Vamos a entrar!

El oficial accedió y movió su automóvil. Mientras cerraban el perímetro detrás de nosotros, el helicóptero inmediatamente solicitó por la emisora que nos identificáramos. (Nuestros vehículos de la policía secreta no tienen números de identificación en el techo como las patrullas).

—Fed 2-7 entrando en el área —respondí.

—Aire-3 a Shop-2-7, alerta, está usted entrando en la zona de peligro. Deténgase. No prosiga. Retírese.

Jake tomó el transmisor de mi mano.

—Aire-3, aquí Fed 2-7. Diríjanos hacia donde están los agentes, repito, diríjanos a la ubicación del agente caído.

—Entendido 2-7, continúe de frente, en dirección hacia el norte... —Pero antes de que pudieran decirnos a qué distancia o darnos cualquier otra información, el puesto de mando transmitió por encima de la transmisión del helicóptero.

—Fed 2-7, repórtese inmediatamente al puesto de mando.

Jake y yo nos miramos el uno al otro, preguntándonos quién nos estaba dando esas órdenes.

—Fed 2-7 repórtese inmediatamente al puesto de mando, ¡confirme!

Jake estaba pensando. Finalmente respondió.

—Negativo, PM, Fed 2-7 no saldrá del área. Iremos a buscar a nuestros agentes.

—2-7, abandone el área inmediatamente. Estamos a la espera de un equipo SWAT. ¡Es una orden! —gritó la voz por radio.

—Negativo —fue la respuesta inmediata de Jake, a la vez que bajó el volumen de la emisora y me miró.

Para entonces, ambos habíamos reconocido la voz; pertenecía a un agente supervisor que estaba saliendo con la fiscal federal adjunta asignada al grupo especial. Por alguna razón pensaba que estaba al mando. La realidad era que provenía de otra agencia, y su propio entrenamiento era imperfecto. Su experiencia en asuntos como este era nula, nada, cero, y, sin embargo, tenía el valor de asumir el control. Estaba claro que las demás agencias apoyaban su idea de esperar a la llegada de un equipo táctico especial. Después de todo, nadie sabía con certeza dónde estaba el francotirador.

—Ok, está manteniendo a todos fuera del perímetro y le están haciendo caso. No recibiremos ayuda de su parte. Tienen miedo. Si regresamos al puesto de mando nos retirarán de la escena. ¿Estás listo para seguir adelante y hacer esto conmigo? —preguntó Jake.

—Vamos —respondí—. El helicóptero dijo que siguiéramos de frente.

Entonces, de repente, se escucharon dos disparos más. Los dos nos agachamos por instinto. Nuestros agentes seguían bajo fuego.

Con el francotirador aún libre, nuestra mejor oportunidad de llegar hasta nuestros agentes con seguridad y quizá localizar la fuente de los disparos sería ir a pie. Teníamos nuestros chalecos antibalas, nuestros MP-5, nuestros 9 mm, radios y linternas. Nos separamos y comenzamos a avanzar con cuidado por la calle en lados opuestos, empleando la oscuridad, los autos, los árboles y los edificios para cubrirnos. Nos dirigimos hacia la dirección en la que nos dijeron que estarían nuestros agentes, empleando las luces del helicóptero que sobrevolaba como guía. Seguimos hasta que, finalmente, vimos en la oscuridad, a una calle de distancia, lo que parecía uno de nuestros vehículos. Nos dirigimos hacia allí: era su vehículo.

Cuando llegamos a la escena, la terrible severidad de la herida que vi en mi amigo me enfureció. Mientras sostenía la cabeza de su compañero, el otro agente alzó la vista con la mirada vacía y en estado de shock. No nos había visto llegar. Estaba aturdido.

—Pensé que no vendrían, ¿por qué no entran? —preguntó—. ¿Por qué han tardado tanto? ¿Dónde están los refuerzos? ¿Por qué no vienen? —Estaba desconcertado mientras continuaba sosteniendo la cabeza de su compañero, arrodillado a su lado y repitiendo lo mismo una y otra vez—. Pensé que no vendrían. Pensé que nadie vendría.

—Mírame —le ordenó Jake mientras los tres nos agachábamos a lo largo del costado del vehículo—. Estamos aquí. Nunca pensamos en no venir. Ahora escúchame. Dinos de dónde vinieron los disparos.

El agente señaló. Mientras Jake y yo le brindábamos ayuda y tratábamos de obtener más información, revisé minuciosamente la oscuridad y llamé por radio para indicar nuestra posición exacta.

—Fed 2-7 a puesto de mando, necesitamos refuerzos y una ambulancia de rescate en la ubicación 3. Estamos dos casas hacia el sur desde la esquina, en el lado oeste, apresúrense.

—Negativo —respondió el centro de mando.

—Fed 2-7 necesita una ambulancia de rescate ¡ahora! Agente abatido con una herida en la cabeza —gruñí por el transmisor.

—Negativo —fue la respuesta—. Ustedes entraron desoyendo las órdenes, ahora sáquenlo ustedes mismos. Nadie más entra hasta que el SWAT asegure el área.

Miré a Jake mientras me hervía la sangre.

Era increíble. Agentes con experiencia y oficiales de policía estaban escuchándolo todo y se comportaban como cobardes mientras ignoraban las llamadas de "agente abatido" porque un incompetente con rango había tomado el control de un tráiler marcado como "Puesto de Mando" y los había dejado a todos convenientemente fuera del perímetro.

El teléfono celular de Jake comenzó a recibir llamadas. Para entonces, varios más de nuestros agentes que habían llegado al perímetro y estaban escuchando las transmisiones de radio comenzaron a llamar a Jake directamente. Empezaron a infiltrarse en el perímetro de la misma manera que habíamos hecho nosotros y se dirigían hacia nosotros utilizando sus vehículos como objetivos, mientras nosotros buscábamos el destello de luz de los disparos. Después de ayudarnos a mover al agente herido y a su compañero, que estaba sumido en un profundo shock, a uno de los vehículos que logró entrar, transportamos a nuestros agentes fuera del área de peligro sin ayuda de las otras agencias que se encontraban presentes esperando.

Mientras salíamos, comenzamos a aplicarle respiración de emergencia y resucitación cardiopulmonar. Cuando llegamos al puesto de mando estábamos cubiertos en sangre. Transferimos apresuradamente al agente herido a la ambulancia.

El hecho de no enviar la ambulancia de rescate cuando la solicitamos le costó a nuestro agente un tiempo valioso. Jake estaba hablando por su teléfono celular cuando ambos vimos venir al supervisor.

—Mantén la calma —me aconsejó Jake.

Sin importarle en absoluto nuestro agente, el autoproclamado comandante hizo su declaración:

—Ambos quedan suspendidos —nos dijo, agitando su brazo como si fuera algún tipo de mago—. Los dos están fuera del caso.

Jake lo ignoró mientras guardaba su teléfono y se subía en la ambulancia que comenzaba a irse con el agente herido. Se volvió para mirarme.

—¡Asegura la escena del crimen! —gritó—. Acabo de activar el equipo SWAT y los perros. —Dicho esto, se fue en la ambulancia.

—¿Qué? —repetí, sorprendido. No podía creerlo. ¿Ni siquiera habían llamado a los perros y el equipo SWAT?

Cuando Jake llamó pidiendo ayuda, descubrió que el puesto de mando aún no había llamado solicitando una unidad táctica. Sentí cómo una ira violenta se apoderaba de mí.

Cuando me giré esperando enfrentarme al "incompetente al mando", él ya se dirigía de vuelta al tráiler del puesto de mando. Nuestros agentes me miraban. En ese instante, pude ver las cosas tornándose en una dirección muy peligrosa. No quería hacer lo que las enseñanzas de Leo-tai me decían que debía hacer, pero lo hice y lo dejé marchar. Contemplé cómo el agente supervisor y su compañero regresaban al tráiler.

Había llegado el momento de volver a centrarse.

—Vayamos a asegurar la escena del crimen —dije a nuestros agentes. Y regresamos con precaución al área de peligro hasta que finalmente llegaron el equipo táctico y los perros, y declararon el área libre de francotiradores. El criminal se había ido.

En cuanto regresé al área del puesto de mando, recibí una llamada de Jake desde el hospital. Me avisó que nuestro amigo había fallecido.

Recuerdo como miré el puesto de mando, y después me forcé a cruzar la calle para distanciarme de allí.

Recuerdo haberme sentado esa noche con la espalda contra un árbol en el jardín delantero de alguien, mientras mis sentimientos de aflicción comenzaban a mezclarse con la ira que sentía hacia el supervisor de la otra agencia que se había negado rotundamente a permitir la entrada de la ambulancia.

Recuerdo haber pensado cómo esos sentimientos parecían demasiado potentes para estar en la cabeza de un hombre con un arma.

Recuerdo cómo utilicé la respiración enfocada y la sabiduría de Leo-tai esa noche para evitar enfrentarme a ese agente supervisor.

Recuerdo haber pensado y haberme dicho que esto no había acabado…

Pero que, por esta noche, en este momento, tenía que acabarse.

Recuerde: Debe elegir controlar su ira a través de una decisión. Porque si pierde el control a causa de la ira, entonces, con toda certeza, la ira lo controlará a usted.

Capítulo 11: Acerca de la derrota

Tras varios meses de investigación, el francotirador de la historia anterior fue arrestado y enviado a prisión, el agente supervisor incompetente fue obligado a renunciar, y mi compañero Jake recibió otra felicitación.

Los atletas mentales entienden que no siempre pueden controlar lo que sucede durante un evento. Las cosas no siempre resultan de la manera que queremos, independientemente de lo bien que nos hayamos preparado (o de lo difícil de dicha preparación). Cómo lidiamos con esa realidad y cómo elegimos mirar la situación siempre afecta a lo que nos espera más adelante.

Entonces, aunque no siempre podemos controlar la manera en la que se desarrollan las cosas, al menos siempre podemos controlar la manera en que respondemos al acontecimiento. Los guerreros mentales se concentran en lo que pueden controlar, no en los "y si" ni en los "si tan solo". Ser capaz de elegir cómo respondemos ante un evento no previsto es una habilidad vital. Está totalmente relacionado con lo bien que nos desenvolvemos en nuestro deporte e incluso en nuestras vidas.

Los atletas mentales saben que nadie gana todas las veces. Ni en la vida ni en los deportes. Cuando las cosas no van como ellos quieren, saben que es normal decepcionarse. Lo que no está bien es obsesionarse con la decepción.

Los campeones mantienen la decepción en perspectiva. Son capaces de aceptar la responsabilidad y reconocer la situación como un contratiempo temporal, nada más y nada menos. Sí, duele, y por eso lo aceptan, aprenden de ello y después lo dejan ir. Yo también he perdido, por supuesto. De hecho, así fue como conocí a Leo-tai.

Yo era un joven artista de las artes marciales que competía en torneos y acababa de perder en una competencia internacional de gran importancia. Una que, peor aún, esperaba ganar. La derrota me estaba afectando mucho.

La gente no hacía más que decirme: "¡Lo hiciste muy bien!", pero el segundo lugar no era lo que yo quería lograr. Conforme pasó el tiempo, en respuesta a mi irritación conmigo mismo, fui dejando mis entrenamientos, mi determinación se debilitó y todo me parecía demasiado aburrido o demasiado difícil para molestarme. Me estaba descuidando.

Recuerdo a un muchacho mayor preguntándome en una ocasión si había oído hablar del entrenador Leo.

—Creo que no —respondí—. ¿Qué enseña?

—Principalmente Shaolin, kickboxing chino, pero enseña también otras cosas. Hubo un tiempo en que me ayudó mucho con mi entrenamiento.

—Entonces, ¿cómo te ayudó? —pregunté, interesado.

—Llámalo, aquí está su número. Solo da clases pequeñas. Dile que me conoces.

Llevé encima esa hoja de papel durante unas dos semanas. Finalmente pensé: "Bueno, ¿y qué tengo que perder?" Lo llamé y le conté lo que me sucedía. El entrenador Leo escuchó silenciosamente al teléfono, tan silenciosamente que empecé a preguntarme si se habría ido o si habría colgado el teléfono.

—Ven mañana —me dijo, y así terminó nuestra conversación.

Cuando llegó el día siguiente, por poco no asistí. Me estuve preguntando: "¿Por qué llamé a este entrenador?" Busqué una razón para faltar a nuestra cita. Pero antes de que me diera cuenta, y a pesar de mis mejores esfuerzos por convencerme de lo contrario, me vi llamando a su puerta, y ahí estaba él. Una persona de edad avanzada, de talla mediana, con una silueta bastante estoica y su rostro calmado y genuino.

—Daniel-san —dijo.

Sonreí. Desde la película Karate Kid, parecía que todo el mundo me llamaba así.

—Te pareces mucho a tu hermano mayor. Pasa, por favor.

—¿Conoció usted a mi hermano? —pregunté. Entonces, de pronto, recordé que sí había oído antes del entrenador Leo. Solo que no había escuchado que lo llamaran así, porque mi hermano siempre lo llamaba Leo-tai. Hasta donde podía recordar, Leo-tai siempre había enseñado a pelear a mi hermano mayor. Mi hermano me estaba enseñando a mí cuando lo llamaron al servicio militar y lo enviaron a Vietnam.

Después de perderlo en la guerra y a medida que crecía, con frecuencia me preguntaba qué sería de Leo-tai. Y ahora, como enviado por el destino tantos años después, aquí estaba, frente a mí, el viejo instructor de mi hermano. ¿Era coincidencia? Entré un poco confundido. Miré a mi alrededor. Parecía vivir tan sencillamente como un monje.

De alguna manera, me resultó fácil ser honesto con él, sabiendo cuanto lo había querido mi hermano. Después de tomar un poco de té y habiéndole puesto al día con la historia de mi fracaso en el torneo, terminé. Él sonrió y entonces habló.

—Este fracaso debes dejarlo ir. Los verdaderos campeones mantienen un fracaso así en perspectiva —dijo—. Debes contemplarlo lo suficiente para aprender de ello, pero después debes dejarlo ir.

"Es más fácil decirlo que hacerlo", pensé, pero era una idea muy poderosa. "Dejarlo ir". Permití que su consejo se asentara en mi mente.

"Déjalo ir", me dije a mí mismo, y lentamente permití el peso del fracaso se retirase de mis hombros.

Aprende de ello y déjalo ir. ¿Qué podía ser más simple o más curativo que aquello?

Pero Leo-tai no había terminado conmigo aún. Se inclinó hacia adelante, como para asegurarse de que prestaba atención.

—Recuerda que los campeones nunca juegan con la culpa. Se levantan y comienzan a trabajar en lo que viene a continuación. Mantienen sus cabezas en alto, aunque no sea algo fácil de hacer. Se obligan a seguir adelante. Saben que así tiene que ser... Nunca olvidan que, si no fallas en ocasiones, entonces quizá no te estás retando a un nivel suficientemente alto.

Ya en la puerta, me dijo con una sonrisa:

—Quiero que te levantes tú mismo, Daniel-san. Quiero que perseveres. En cuando estés listo para hacerlo, regresa aquí.

Y así comenzó mi amistad con Leo-tai.

Recuerdo haber dejado su sencillo hogar esa noche pensando en lo feliz que estaba de haber encontrado al maestro de mi hermano tantos años después. Yo era aún un adolescente y sabía que apenas estaba comenzando, pero nunca olvidaré la sensación que me embargó mientras regresaba por el mismo camino por el que había venido. Era la sensación de saber que, de alguna manera, mi vida acababa de dar un giro inesperado muy interesante.

Recuerde: Los campeones se centran en lo que pueden controlar. Saben que, aunque no pueden controlar todo lo que sucede durante un evento, siempre pueden controlar cómo responden ellos ante el evento. Dentro de cada contratiempo se oculta la oportunidad de un gran resurgir.

Capítulo 12: Miedo al fracaso

Pregúntese a usted mismo lo siguiente: ¿Qué tipo de competidor es usted? ¿Es del tipo que le gusta jugar a lo seguro y limitarse a hacerlo bien? ¿O es de los que están dispuestos a arriesgarse a fallar para poder lograr algo sorprendente? Más que ninguna otra cosa, el miedo al fracaso es lo que evita que las personas logren su verdadero potencial en los deportes, en la vida, en los negocios… En todo.

Temer al fracaso no es solo algo malo. Para ser bueno en un deporte o lo que sea que usted haga, simplemente no puede tenerle miedo al fracaso y he aquí la razón: Temer al fracaso crea las condiciones adecuadas para hacer del fracaso un resultado más probable.

El miedo al fracaso crea muchos problemas. Le limita. Los tipos erróneos de pensamientos provocan que le falte el aliento, se tensen los músculos y se produzcan sobrecargas de estrés. Peor aún, el miedo al fracaso puede provocar que el competidor vaya a lo seguro. En vez de elevarse al nivel del reto, subconscientemente huye de él.

Por el contrario, y este es el punto importante, una vez que el competidor aprende a superar el miedo al fracaso, sus oportunidades de tener éxito aumentan drásticamente.

En realidad, el miedo al fracaso no es nada más que la percepción de una amenaza psicológica a su ego y a su autoestima. Lo que típicamente ocasiona el miedo al fracaso es el estado mental que se apodera del competidor cuando este tiene miedo de verse mal, o es tan perfeccionista que se ha tornado demasiado autocrítico. En cualquier caso, su estado interno acaba por refrenarlo, sea o no consciente de ello.

Los adultos son más capaces de arruinar sus propias oportunidades debido al miedo al fracaso. Sin embargo, los padres y entrenadores deben ser muy cuidadosos con los niños. Con frecuencia, los adultos son los que crean esta acumulación de estrés nervioso en el mundo interno del atleta infantil. Inyectar las emociones incorrectas en los fracasos ocasionales de un niño puede arruinar el amor del niño por el deporte e incluso destruir su confianza.

Con los niños es especialmente importante ayudarlos a construir su autoestima, no a destruirla. Los padres deben minimizar las críticas y no exteriorizarlas en demasía. Los comportamientos inadecuados y las críticas de los adultos pueden ocasionar el miedo al fracaso en un niño.

Para evitar el estado interno que ocasiona el miedo al fracaso, el atleta mental primero tiene que ver el fracaso de una manera completamente diferente al resto de la gente. Debe aprender a aceptar que la única manera de lograr cosas extraordinarias es arriesgándose a fracasar en ello primero. Debe aceptar que, sin los fracasos ocasionales, nunca podrá aspirar a mejorar. Debe entender que, en el camino hacia la grandeza, son inevitables algunos errores. Y cuando pierde, el atleta mental debe tomar la decisión consciente de aprender de esa derrota. En lugar de abandonarse a sí mismo y deleitarse en la miseria, acallará metódicamente la voz destructiva de la autocrítica interna para lograr ver el fracaso como una retroalimentación valiosa.

De este modo, cuando experimenta el fracaso aprende qué es lo que sigue sin funcionar a pesar de todo su entrenamiento. Aprende a fallar constructivamente. En otras palabras: el atleta mental no permitirá que el miedo al fracaso le impida alcanzar la grandeza. Aprendiendo a mirar el fracaso ocasional de manera diferente, los competidores de alto nivel son capaces de competir sin miedo a fracasar. Y eso es crucial. Cuando no existe miedo al fracaso, se adquiere una ventaja importante. Una ventaja que puede marcar una enorme diferencia.

Después de todo, tenga en cuenta lo siguiente: no hay nadie en la historia, dentro o fuera de los deportes, que haya logrado la grandeza sin antes haber fracasado. Los políticos pierden elecciones, los generales pierden batallas, los millonarios han perdido en negocios previos. Detrás de cada medalla de oro en las Olimpiadas se encuentran cientos de competencias que terminaron en segundo y tercer lugar.

Piense en eso.

Recuerde: El miedo al fracaso es ocasionado por no saber fallar constructivamente. La única manera de lograr algo grandioso es arriesgarse a fallar en ello primero. Tener miedo al fracaso es más que algo malo. Puede incluso arruinar sus oportunidades de éxito.

Capítulo 13: Cómo controlar el miedo

En una ocasión me preguntó sobre el miedo.

—Dentro del ojo de un huracán, Daniel-san, hay paz, mientras fuera, el huracán desata toda su furia y poder. Así es como debe ser para el Guerrero Mental también.

Le conté cómo una vez me sentí tan consciente del miedo que presentí que se volvería abrumador. Durante mi entrenamiento de piloto en la Fuerza Naval, admito que llegué a conocer el tipo de miedo que produce estar a punto de morir ahogado. Casi me ahogué en un par de ocasiones durante el entrenamiento. La verdad es que no importa cuánto traten de evitarlo, varias personas mueren en ese programa de entrenamiento cada año. Es la naturaleza de la situación.

Todo el entrenamiento de supervivencia en aguas profundas se realiza portando la vestimenta completa de vuelo, incluyendo el casco y las botas, sin flotación. Tienes que emplear las técnicas que te enseñan y aprender a evitar ahogarte a pesar de todo el peso que tienes encima y las corrientes que arrastran hacia abajo. Puede resultar agotador. Un día, debido a mi falta de técnica, aprendí cómo es el miedo que se siente al creer que te vas a ahogar. Recuerdo el brillo verde oscuro del agua, mi último aliento, un retazo del cielo azul y mi último pensamiento mientras me hundía:

"Espero que hayan visto que se hundía un casco…"

Las peores y más aterradoras sesiones de entrenamiento eran en un aparato que se llamaba el "helo-dunker". Imagine estar sentado y asegurado a un simulador de helicóptero con un copiloto y cuatro tripulantes. Una vez que todos han asegurado sus arneses de seguridad, el aparato se deja caer desde una altura de alrededor de seis metros al interior de un tanque de entrenamiento lleno de agua. No está permitido que nadie se mueva hasta que el "helicóptero" se hunda hasta unos seis metros de profundidad, donde lo rotan con unos cables y lo giran boca abajo para desorientar a todos. Una vez que el movimiento cesa, se tiene que contar hacia atrás desde diez y, terminada la cuenta, las seis personas deben salir por una escotilla específica asignada por los instructores antes de que soltaran el simulador en el agua. Todos deben hacerlo con gafas de buceo totalmente opacas para que no se pueda ver absolutamente nada. Es una situación interesante que puede inducir el pánico fácilmente.

La clave para poder salir a salvo es no sucumbir al pánico, liberar el arnés de seguridad y no perder nunca el punto de referencia. Una mano siempre tiene que estar aferrada a alguna parte del interior de la aeronave mientras se busca la salida. Jamás se debe soltar el punto de referencia del que se está sujeto hasta que la otra mano agarre un nuevo punto de referencia. Así que, aunque uno se encuentre flotando cabeza abajo, desorientado en la oscuridad total, la mano que se aferra a algo proporciona a la mente interior el punto de referencia que necesita y, usando el ojo mental, uno puede encontrar el camino a la escotilla de salida señalada.

Uno de mis compañeros de habitación tuvo que ser sacado del agua por buzos de rescate cuando entró en pánico y no logró liberar su arnés de seguridad. Por poco se ahoga. El miedo de su rostro cuando le ayudaban a salir era muy real. Y, como él falló, todos fallamos. Sin dudarlo, nos forzaron a él y al resto de nosotros a volver dentro de la nave para intentarlo de nuevo. No hubo tiempo para pensar en esta experiencia cercana a la muerte. En lugar de eso, todos lo repetimos de nuevo una y otra vez, hasta que todos lo hicimos bien, hasta que todos vencimos nuestro miedo a morir ahogados.

—Debieron ser sentimientos muy intensos —dijo Leo-tai—. Después de todo, el miedo es una respuesta normal ante algo peligroso o amenazador. Aunque muchos dirían que el miedo es saludable, no sirve de nada si el miedo toma el control, especialmente cuando quizá debamos salvarnos a nosotros mismos o salvar a otros. El miedo puede arruinar nuestro potencial de rendimiento.

—Así que, ¿cómo puede uno evitar que el miedo tome el control? —pregunté.

—Controlar el miedo implica dos cosas: una elección y una estrategia. La elección es si verdaderamente elegiremos enfrentarnos al miedo, y la estrategia es cómo procederemos una vez que tomamos la elección de enfrentarnos a él. Naturalmente, la Fuerza Naval tomó esa decisión por ti, y te viste forzado a enfrentarte a tus miedos. Aplicaron la estrategia sin importar si a ustedes les gustaba o no, y así los empujaron más allá de sus miedos.

Leo-tai me miró directamente a los ojos.

—El miedo puede crear tensión, duda, ansiedad, pérdida de coordinación y pérdida de concentración. En los peores casos, el miedo puede incluso desactivar conexiones neuromusculares. Alguien que tiene miedo tiende naturalmente a desviar su concentración hacia aquello que puede salir mal y, cuando eso sucede, Daniel-san, comienzan a cometerse errores; por regla general se cometen precisamente los errores que más se teme cometer.

—Entiendo lo que dice, cómo el hecho de pensar que algo vaya a salir mal puede empeorar la situación —convine.

—El miedo puede hacer que el guerrero se centre en lo negativo. El competidor con miedo puede volverse demasiado cuidadoso y decidir "ir a lo seguro" en lugar de jugar para ganar. El miedo puede transformar a un competidor, y pasar de ser alguien que intenta ganar a ser alguien que intenta no perder. Una vez que se ha perdido esa confianza, cualquier ventaja que pudiera haber tenido el guerrero sobre su oponente empieza a desaparecer.

—Pero, ¿cómo se maneja el miedo?

Leo-tai sonrió ante mi pregunta.

—¿Dónde está el miedo? El miedo ocurre dentro de tu cabeza, y por eso se puede controlar. Es normal tener una cierta cantidad de energía de miedo en situaciones de competencia o de peligro. Lo importante es no permitir que crezca hasta escapar a nuestro de control, así como saber qué hacer en caso de que lo haga. Recuerda esto: un campeón sabe que el miedo solo puede ser tan poderoso como él le permita ser. El miedo a algo del futuro o incluso del pasado puede ser una experiencia tremendamente poderosa. Por lo tanto, es importante y necesario recuperar algo del poder de esa emoción. El Guerrero/Campeón lo logra devolviéndose a sí mismo al momento presente, y la manera más sencilla de hacerlo, Daniel-san, es concentrarse y vigilar la respiración. Debes controlar tu respiración para poder conectar con el presente.

—¿Quiere decir que debo tomar la decisión de concentrarme en mi respiración?

—Exactamente. Ahí es donde se empieza. Debes concentrarte y respirar de una manera controlada. Vigilar tu respiración. Controlar tu respiración. Hacer esto tiene un efecto relajante, pero, lo que es más importante, te devuelve al momento actual. En cuanto has regresado, en cuanto vuelves al presente, tú (o cualquier guerrero) deberás encarar tu miedo.

—Enfrentarte al miedo —sugerí.

—Así es. Pregúntate a ti mismo a qué le tienes miedo. Enfréntalo de manera racional. Esto tienes que hacerlo antes de que puedas trabajar en lograr lo que sea que debas hacer. Recordar momentos donde has tenido éxito en el pasado o durante los entrenamientos puede ayudarte a alejar el miedo. También puede ayudarte recordar lo bien que te desempeñas por regla general, y cuánto amas el deporte, la competencia, el reto o lo bien que haces tu trabajo. Entonces debes decidir una estrategia y seguir adelante, aceptando el reto dispuesto ante ti a pesar de cualquier miedo.

Todo sonaba posible y fortalecedor, pero aún tenía una pregunta.

—¿Cómo evito tener los pensamientos negativos que me hacen tener miedo? —pregunté.

—Interrúmpelos en el mismo instante que los percibas —respondió—. Sustitúyelos, ahógalos empleando diálogo interno positivo e imágenes positivas. Debes redirigir la energía del miedo y canalizarla hacia autoconfianza. Esta es una manera en la que puedes empezar a transformar la energía. —Entonces se levantó—. Solo hay una energía antes de una confrontación o un gran reto, y la energía te dice que tienes que prepararte. Si sientes que la energía es más parecida al miedo que a la autoconfianza, recuerda que todo está sucediendo en tu mente. Contra el miedo, Daniel-san, debes tener espíritu de ataque, contra el miedo uno siempre puede ganar.

Recuerde: Contra el miedo uno siempre puede ganar. Enfréntese al miedo y comience una estrategia para avanzar a pesar del miedo.

Capítulo 14: Sobre la asfixia del rendimiento

Leo-tai y yo estábamos hablando sobre una competencia nacional que acabábamos de ver juntos.

—¿Alguna vez has notado —reflexionó— cómo en ocasiones, incluso cuando el rendimiento de un atleta parece ir muy bien, ocurre algo, como si algún tipo de estrés se apoderara de su juego, y todo comienza a irle mal?

Pensé que lo que decía era muy interesante, y que tenía razón. ¿Por qué será que, a veces, todas las grandes ventajas se desmoronan y desaparecen bajo presión? Ningún deportista es inmune a ello, incluso los grandes campeones a veces son víctimas de esto. Al final, incluso ellos mismos admiten que, en algún momento, también se han "asfixiado".

—¿Qué lo ocasiona? —pregunté—. ¿Y qué se puede hacer para evitarlo? ¿Qué sucedió con el atleta del torneo? ¿De repente se atemorizó de perder?

—En un sentido sí, pero no exactamente, porque un episodio en el que se asfixia el rendimiento comienza cuando una situación competitiva amenaza el ego del deportista —explicó Leo-tai—. Es un poco como tener miedo al fracaso, pero la asfixia del rendimiento va más allá del miedo, porque es la respuesta física real que se desencadena por la amenaza psicológica al ego. La asfixia es algo más que miedo al fracaso; el miedo está en la mente. La asfixia sucede cuando el rendimiento se ve afectado por el nerviosismo, el estrés y la preocupación por dar una mala impresión si algo sale mal. Es muy diferente del miedo a enfrentarse a una situación peligrosa o que pone en riesgo la vida. Estas son diferencias sutiles pero muy importantes.

—Sí —admití—, pero no estoy seguro de poder diferenciarlas.

—Quizá es porque los síntomas físicos que ocasionan son muy similares. Pero recuerda que sus causas son diferentes. El nerviosismo y el estrés en ambas situaciones afectarán al patrón de respiración del atleta, hasta el punto en que el suministro de oxígeno al cerebro y a los músculos se ve limitado y el atleta empieza a sentir ansiedad. Cuando se instala un patrón de respiración poco eficaz, su rendimiento se ve afectado justo cuando más necesita sus habilidades, justo cuando hay verdadera presión. Sin embargo, la asfixia del rendimiento se produce en realidad a causa de un ego preocupado por dar una mala imagen, no a causa de ningún peligro, real o percibido.

—Entonces, ¿qué podría haber hecho ese campeón?

Leo-tai sacudió la cabeza.

—Su error fue permitir que su miedo a dar una mala impresión tomara fuerza y ganara inercia, trayendo consigo el nerviosismo y la ansiedad que provocaron la reacción de asfixia del rendimiento. Lo que debería haber hecho era emplear la respiración enfocada para comenzar a reducir la ansiedad justo en ese momento. En cuanto se emplea la respiración enfocada, la persona es capaz de comenzar a relajarse. El cuerpo se llena de oxígeno, reanimando los músculos y haciendo que la ansiedad disminuya. La flexibilidad regresa y trae consigo una confianza renovada. Sentirás la relajación mientras exhalas, ya que comienzas a controlar la ansiedad y las cosas empiezan a mejorar.

Leo-tai apagó el televisor.

—En estos casos, uno debe emplear la respiración enfocada para ayudar a retomar el control, volver al presente y sentir que la presión disminuye... Pero recuerda, Daniel-san: la asfixia del rendimiento es culpa del ego, no es suficiente contrarrestar únicamente los síntomas físicos, aunque es correcto empezar por ellos. En cuanto la respiración enfocada comience a ayudar, también debes recuperar el control del ego.

—Continúe, por favor —dije.

—Para hacer esto, elige momentáneamente un punto de referencia en tu entorno inmediato y fija tu mirada en él mientras continúas con la respiración enfocada. Esto te ayudará a apartar la atención de ti mismo y a volver a concentrarte en la tarea del momento. Concentrarte en algo externo ayuda a reducir la atención que prestas al ego, que es lo que realmente ocasiona todos los problemas... En cuanto el atleta entiende lo que ocasiona realmente la asfixia del rendimiento, puede empezar a deshacerse de ello por completo para poder concentrarse de nuevo en el reto actual y evitar que la situación empeore. En cuanto entiendes qué es en realidad la asfixia del rendimiento, puedes evitar que te suceda empleando esta estrategia. Aprende a dejar tu ego fuera del evento, o el ego siempre encontrará una manera de interponerse.

Recuerde: La asfixia del rendimiento es ocasionada por un ego que tiene miedo a dar una mala imagen. Debe aprender a dejar su ego fuera del evento.

Capítulo 15: Tranquilo bajo presión

Habían transcurrido varios años desde que abandonara el ejército, y acababa de pasar por una situación agotadora. Los agentes federales que me estaban interrogando revisaron sus notas, intercambiaron miradas entre ellos y se giraron hacia mí.

—Puede irse —dijo el agente especial al mando—. Es suficiente.

Miré mi reloj, sorprendido al comprobar que habían pasado más de dos horas sin apenas darme cuenta. Durante esas dos horas, me habían interrogado ininterrumpidamente todos los agentes supervisores de la Oficina del Distrito. Supuse que la razón para ello había sido que me encontraba ante muchos competidores muy fuertes. De cualquier manera, me levanté, expresé mi agradecimiento inclinando la cabeza y me dirigí hacia la puerta.

Justo antes de llegar hasta ella, el agente principal me volvió a llamar.

—Una cosa más —dijo—. Tengo una última pregunta, si no le molesta.

—No sin mi abogado —respondí, con una expresión seria en mi rostro.

Todos sonrieron, y uno de ellos incluso se rio.

"¡Vaya! —pensé—. Estas personas sí tienen sentido del humor."

—He notado que tiene usted un valioso entrenamiento y experiencia como entrenador mental deportivo. No puedo evitar preguntarme si ha usado alguna de esas técnicas mentales que les enseña a los atletas durante la entrevista de hoy.

Sonreí y lo miré.

—Por supuesto —respondí— Claro que utilicé técnicas mentales hoy.

Más tarde me contó cómo había notado que la presión que tan admirablemente había creado el grupo de agentes, y que habían utilizado con éxito para intimidar a otros solicitantes, no parecía haber tenido ningún efecto sobre mí... Y así empezó mi carrera como agente especial.

Presión. Una presión muy intensa. Había experimentado mucha en el ejército. Si hay una cosa que la mayoría de los atletas me dicen que desean alcanzar como objetivo principal e inmediato de sus programas de entrenamiento mental, es que los ayude a desempeñarse mejor bajo presión.

Claro que sentir la presión de la competencia no es algo malo en sí mismo; de hecho, puede ayudar a sacar lo mejor de uno. En realidad, la manera en que lidiamos con la presión es lo que marca la diferencia. Da igual lo que piense usted, la verdad es que la presión que siente proviene en realidad de dentro de sí mismo. En cuanto entienda esto, puede empezar a liberarse para poder hacer lo que realmente es capaz de hacer.

Entonces, ¿cómo afectan negativamente el estrés y la presión al rendimiento?

La coordinación, la concentración y el juicio se ven afectados. Su corazón late más rápido, su respiración se acelera y no puede pensar con la claridad de siempre. Con frecuencia, la presión crea tensión que puede empujarlo a tratar de hacer algo más rápido para acabarlo. Sin embargo, cuando cede ante el impulso de acelerar las cosas, solo conseguirá que su rendimiento sea peor.

Con toda certeza, no saber cómo manejar la presión afectará al rendimiento general. Esto puede ser la perdición de cualquier competidor, ya sea en una sala de juntas, en el escenario de un concierto o mientras practica deportes de alto nivel. Lo primero que tiene que aprender es cómo mantenerse tranquilo. Esta es probablemente la gran diferencia entre un competidor normal y un atleta mental.

El atleta mental ha aprendido cómo mantenerse tranquilo y concentrado en su labor mientras se encuentra bajo presión. Él sabe que mantenerse tranquilo es parte de la fórmula de su éxito. Así que se dispone a controlar la presión, empezando por reconocer que está bien sentir dicha presión. No niega sus nervios, pero tampoco se cede ante ellos.

He aquí algunas de las técnicas comprobadas que el atleta mental debería aprender a usar para ayudarlo a mantenerse tranquilo y concentrado bajo presión:

Aprenda a concentrarse y a utilizar la respiración enfocada. El atleta puede devolverse al momento actual entrenándose para utilizar su respiración con el fin de mantener el control cuando se encuentra en una situación tensa.

En situaciones de gran presión, asegúrese de dejar que el aire llegue hasta el fondo de sus pulmones. Llene cada rincón de su cuerpo con el oxígeno que da y estimula la vida.

Después, mientras expulsa el aire de sus pulmones, libere toda la tensión y ansiedad junto con el aire. Note la sensación de liberación y la sensación de control. La respiración enfocada lo ayudará a disminuir la presión y a mantenerse centrado en el presente.

El atleta también puede quitarse de encima la presión utilizando técnicas de relajación muscular. Al haber desarrollado esta habilidad a través de la práctica fuera del entorno competitivo, el atleta se equipa con una táctica de valor incalculable para utilizarla frente a la tensión y la presión que se acumulan en un ambiente competitivo. La capacidad de relajar los músculos instantáneamente no solo alivia la tensión, sino que también calma la mente y reduce la presión que se siente. Con un poco de práctica, puede volverse muy bueno a la hora de activar rápidamente la relajación física. Asegúrese de leer y practicar la técnica de inducción a la relajación presentada en el capítulo 7, una técnica sumamente popular entre los atletas y artistas más destacados del mundo.

Algunos atletas han descubierto que pueden enfrentarse mejor a las presiones del rendimiento utilizando afirmaciones de afrontamiento. La capacidad de hablar con uno mismo para salir adelante en una situación de presión es una habilidad importante. Las afirmaciones de afrontamiento son muy poderosas porque ayudan a hacer frente a situaciones apremiantes en lugar de pretender que la presión no existe. Muchos campeones crean y tienen sus propias afirmaciones personales. (Soy bueno; Soy rápido; Soy fuerte; Este es mi momento; Creer; Yo domino.) Da igual cuáles sean, siempre y cuando ayuden a quitar la presión de uno mismo. Cree tres afirmaciones rápidas (expresiones positivas) que pueda usar para sí mismo con el fin de complementar las técnicas de respiración y relajación mencionadas anteriormente.

Otro método que usan algunos atletas para lidiar con la presión es simplemente pensar en algo que los relaja. Algunos hacen esto mientras usan auriculares para escuchar lo que sea que les sirve para quitarse la presión de encima. Pueden estar sentados en su silla antes de un torneo internacional de tenis muy importante, pero en realidad no se encuentran allí. En sus mentes, se han transportado a algún otro lugar, tal vez a un tranquilo arroyo en la montaña donde descansan pacíficamente mientras el sol se refleja en la corriente de agua. ¿Qué le parece esto como método sencillo que puede marcar una gran diferencia? Asegúrese de dedicar el tiempo necesario para practicar y desarrollar este tipo de concentración mental.

Algunos campeones admiten el empleo de una técnica de psicología del deporte donde se permiten liberarse de la necesidad de lograr algún resultado en particular. Se trata de sentir la presión y aceptarla cálidamente. Dichos atletas abordan sus rendimientos con el regocijo de saber que todo su entrenamiento está a punto de dar fruto, y que es hora de salir y disfrutar de la práctica de su deporte. Salen a competir con la sensación de que no tienen nada que perder. Confiados en que sus años de entrenamiento concienzudo les permitirán desempeñarse adecuadamente, dejan de lado cualquier remanente de preocupación y salen a competir sin inhibiciones. Algunos atletas hablan de haber experimentado sus más grandes momentos en los deportes al liberarse de todos sus miedos a fallar.

En otras palabras, el hecho de no centrarse en el resultado les permite disfrutar el proceso. En ocasiones, podemos presenciar esta actitud cuando un joven aspirante se pone a la par de un gran atleta. Él (o ella) casi no alberga ninguna preocupación y siente que, cuando menos, no tiene nada que perder. Han tenido lugar algunos momentos sorprendentes cuando el aspirante se ha convencido a sí mismo de librarse del peso de sus propias expectativas de esta manera. Más tarde, estos atletas describen que no estaban preocupados por el resultado, sino inmersos en la actividad del momento. Sus oportunidades de lograr el resultado deseado aumentaron drásticamente cuando se libraron de la presión y la necesidad de obtener resultados específicos.

Otros atletas tienen rituales o rutinas antes de competir a las que les gusta aferrarse y que les ayudan a lidiar con la presión. Si este es su caso y funciona, no hay necesidad de dejar de hacerlo.

Por último, otro mecanismo es recordar alguna ocasión donde usted logró manejar una situación de mucha presión de manera adecuada. Trate de recordar lo sucedido y tome nota exacta de las cosas que hizo bien. ¿Qué le funcionó? ¿Qué hizo usted? ¿Permaneció quieto un rato antes de competir? ¿Logró perderse en el momento? ¿Cómo fue su diálogo interno? ¿Qué sucedía dentro de su cabeza que le ayudó a reducir la presión? Identifíquelo con exactitud. Darse cuenta de qué cosas le han ayudado anteriormente a sobrellevar la presión le permitirá acceder a esas técnicas de nuevo. Un competidor que no siente la presión puede vencer con facilidad a alguien que juega mejor que él. Aprender a manejar la presión le ayudará a desempeñarse mejor que otros. Si existe algo que ha funcionado para usted y le ha ayudado con la presión en el pasado, encuéntrelo y continúe usándolo.

Recuerde: La presión es mental. Aprenda a ver la presión sobre su rendimiento como un reto que puede controlarse utilizando técnicas mentales y rutinas previas al evento.

Capítulo 16: El Crítico Interno

Mientras yo realizaba la transición y me convertía cada vez más en un entrenador, Leo-tai y yo hablábamos frecuentemente por teléfono. En esos días él disfrutaba escuchándome hablar sobre el trabajo que hacía en una gran universidad como entrenador de Ventaja Mental para los atletas de varios equipos.

Un día le expliqué cómo, después de las competencias de lucha, el entrenador principal y yo revisábamos los videos de los combates. Y entonces traíamos a los luchadores, uno por uno, para que se sentasen a ver su video con nosotros. El entrenador principal básicamente hacía sugerencias respecto a la técnica o la estrategia. Algunos días después, yo revisaba los videos de nuevo con los atletas que no habían obtenido buenos resultados. Pero esta vez les pedía que recordaran cuáles habían sido sus pensamientos y su diálogo interno durante las partes más difíciles del combate.

—Muy bien —dijo Leo-tai—. ¿Encontraste algo en común?

—Ciertamente —respondí—. Lo que encontramos que tenían en común era que todos sus diálogos internos contenían algo negativo cuando las cosas estaban saliendo muy mal. Mirándose a sí mismos en video, pudieron recordar exactamente lo que estaban pensando en aquel momento. Y en todos los casos de mal rendimiento, cuando las cosas estaban saliendo realmente mal, el diálogo interno que se producía en sus mentes era terrible. Su propio dialogo interno les estaba causando que su desempeño fuera cada vez peor. En el momento preciso en que necesitaban toda su determinación para darle la vuelta a las cosas, su diálogo interno se encontraba muy atareado destruyéndolos.

—Muy interesante —dijo Leo-tai en voz baja.

—Así que volvimos a reproducir el video, solo que en esta ocasión el ejercicio consistía en hacer que los atletas verbalizaran diálogos internos positivos a medida que las cosas empezaban a ir mal. Yo les decía: "Esta vez quiero escuchar el diálogo interno positivo de un campeón que está pasando por un mal momento en la competencia, pero que se niega rotundamente a pensar en cosas negativas". Entonces, mientras veíamos el video, ajustaban su diálogo interno a lo positivo. El ejercicio realmente les abrió los ojos. Aprendieron que siempre, especialmente cuando las cosas se ponen difíciles, es de suma importancia escuchar únicamente el diálogo interno positivo de un campeón que está concentrado en abrirse camino a través de la adversidad.

En este punto, Leo-tai ofreció una observación.

—Muy bien Daniel-san, les enseñaste a desactivar el Crítico Interno. Les enseñaste a escuchar siempre el diálogo interno que suena más como un entrenador positivo, en lugar de un crítico negativo. Les ayudaste a entender que, en caso de existir diálogo interno, este debe ser positivo, que aliente, que fortalezca. Esto es crucial, porque, de la misma manera que los pensamientos crean emociones que afectan la manera en que nos sentimos, también los diálogos internos afectan a cómo nos sentimos, y cómo nos sentimos afecta a la manera en que nos desempeñamos. Recuérdales siempre, Daniel-san, que el Guerrero/Campeón acalla siempre al Crítico Interno porque entiende que debe hacerlo.

Recuerde: Especialmente cuando las cosas están en su peor momento, su diálogo interno debe ser positivo, alentador y fortalecedor. Acalle al Crítico Interno.

Capítulo 17: Demasiado intenso

En ocasiones, durante situaciones competitivas, un atleta puede tener demasiada energía antes de iniciar una competencia y sabotear su propio rendimiento. Se puede observar en torneos de Jiu-Jitsu, donde, debido a un entusiasmo excesivo, algunos atletas amateurs aceleran sus motores hasta el rojo vivo antes de la competencia. Lo que no logran entender es que empezar una competencia en un punto demasiado alto de la curva de rendimiento solamente perjudicará su desempeño.

Hace años, esto le sucedía repetidamente a un atleta al que yo ayudaba a entrenar. Daba igual cuánto visualizara la tranquilidad, la calma y el control, en cuanto amanecía el día de la competencia estaba demasiado ilusionado y era incapaz incluso de comer de tanta emoción. El resultado era que, a pesar de comenzar con mucha fuerza, tenía demasiada energía y dañaba su rendimiento. Sus competidores pronto lo tenían a la defensiva. Esto le resultaba muy frustrante, hasta que aprendió a través de la práctica a ajustar el nivel de intensidad con el que comenzaba a competir. Aprendiendo a disminuir su intensidad uno o dos niveles en el momento de iniciar la competencia, el atleta comenzó a ganar con más frecuencia.

Un buen atleta mental aprende pronto en qué nivel de intensidad realiza su mejor juego. En una escala del uno al diez, siendo diez el nivel más intenso, la mayoría de los atletas declaran que obtienen sus mejores rendimientos alrededor del nivel siete u ocho. Claro que, ocasionalmente, pueden necesitar emplear su intensidad total y "elevar su juego" a nueve o diez. Pero, al mismo tiempo, saben que ese no es el nivel ideal de intensidad para empezar una competencia.

Al saber a qué nivel de intensidad debe empezar, el atleta mental tiene una gran ventaja. Está ayudando a crear las condiciones necesarias para desempeñarse bien. Controla su intensidad para que no interfiera con su mejor juego. Es un concepto simple que puede marcar una diferencia importante y, sin embargo, pocos atletas amateurs lo conocen. Uno no puede acelerarse al nivel diez en cada ocasión y esperar obtener constantemente el mejor rendimiento. Las conexiones neuromusculares producen una técnica física mejor conforme se aprende a disminuir el nivel de intensidad.

El autoanálisis y los consejos de las personas en quienes confía le ayudarán a encontrar el punto exacto del nivel de intensidad en el que usted logra su mejor rendimiento. Intente anotar qué rutina antes del evento le ayudó a lograr el nivel exacto en el que usted es más efectivo, y después practique a llegar al nivel de intensidad ideal en el momento exacto. Aprenda a manejar toda esa valiosa intensidad.

Recuerde: Tiene que aprender a controlarse antes de poder controlar su juego. Acelerar demasiado su intensidad antes de una competencia solo dañará su rendimiento.

Capítulo 18: Su sueño

En determinados momentos de mi vida, he mirado a mi alrededor y he comprobado que he logrado (temporalmente) mis metas. Contemplando en retrospectiva las dificultades, los obstáculos, los retos e incluso algunas de las personas negativas que han intentado por todos los medios impedir mi avance, de alguna manera conseguí hacer lo que pretendía y logré llegar a donde quería.

Entonces, ¿qué es lo que nos impulsa a intentarlo una y otra vez, a seguir adelante, a seguir dando un paso más incluso cuando nada parece funcionar para nosotros?

Un sueño, eso es lo que nos impulsa.

Piénselo. Sin un sueño, sin una visión, ¿cómo puede saber a dónde desea llegar? Sin un sueño, uno solamente va a la deriva.

Entonces, ¿cuál es su sueño? Si es importante para usted, entonces merece la pena intentarlo. Cualquier campeón le dirá que una gran parte de la vida implica intentar alcanzar los sueños. Es lo que ayuda a avanzar.

¿Recuerda lo que Walt Disney llamaba Ingeniería de la Imaginación? Úsela para crear su visión. Permita que la

Ingeniería de la Imaginación lo ayude a construir la confianza de que puede alcanzar su sueño, déjese llevar por el poder de sus sueños. Nunca permita que nada ni nadie lo desvíe del camino o lo desanime una vez que se haya marcado un rumbo para lograr algo.

Un amigo mío soñaba con ser abogado. A pesar de que nadie en su toda familia había asistido a la universidad, su meta a corto plazo era entrar en la Universidad de Chicago. Y, una vez ahí, su meta inmediata era graduarse el primero de su clase. Cuando logró eso, ajustó su sueño de nuevo: pasar el examen del colegio de abogados de Illinois. Y cuando hizo eso, quiso convertirse en uno de los mejores abogados de Chicago. Ni siquiera cuando lo logró dejó de soñar. Entonces soñó que podía ayudar a mejorar la vida de los niños poco privilegiados del área donde él había crecido, gracias a la posición por la que había trabajado toda su vida. Eso es lo que yo llamo soñar positivamente.

Así que, ¿dónde se ve usted a continuación? ¿Cuál es su visión del futuro? Una cosa es segura: si desea lograrlo, debe ser capaz de verlo y sentirlo vívidamente en su mente, y no solo de vez en cuando. Aprenda a reforzar frecuentemente su visión de dónde desea estar dentro de unos años y entonces empiece a trabajar para lograrlo.

No es solo soñarlo, claro, también hay que creerlo y actuar. Debe dar los pasos específicos que lo lleven hacia donde quiere estar. Pronto aprenderá algunas sencillas ideas para fijarse metas que le ayudarán a transformar sus sueños en realidad. Son las mismas ideas que muchos grandes artistas y atletas usan para lograr un progreso constante, pero, por ahora, solo quiero que tenga una visión clara de lo que desea lograr para sí mismo.

Piense en qué se quiere convertir, en cómo quiere que sean las cosas. Durante un breve tiempo, utilice la Ingeniería de la Imaginación. Cierre los ojos y véase a usted mismo y todo lo que hay a su alrededor de la manera que desea que sea. Imagínelo, siéntalo, véalo claramente, vívidamente. Permita que su espíritu renazca.

Decida: ¿Cuál es su sueño? Averíguelo. Esa es su tarea.

Capítulo 19: Acerca de las metas

Los Guerreros/Campeones se disponen a convertir sus sueños en realidad llevando a cabo acciones basadas en el establecimiento de metas. Generalmente, el crecimiento personal y el máximo rendimiento están directamente relacionados con lo bien que un atleta haya dominado sus habilidades para establecer sus metas. Los atletas mentales están orientados hacia sus metas. Tienen visión.

Cuando los atletas se quejan de falta de motivación, esto casi siempre se debe a que las metas fracasan a la hora de inspirarlos para actuar. Las metas sirven para mantenerse enfocado en un objetivo. Intensifican el deseo de lograr algo. Las metas aumentan la autoconfianza mientras se experimentan mejorías cuantificables. Con el establecimiento adecuado de metas, la calidad de las sesiones de práctica mejora automáticamente. Las metas mejoran el rendimiento y ayudan a alcanzar logros.

Cuando establezca sus propias metas personales, asegúrese de que sean un desafío, pero a la vez realistas. Las mejores metas son aquellas que se encuentran ligeramente fuera de alcance, pues inspiran el trabajo duro y, sin embargo, son metas alcanzables dedicándoles esfuerzo. Las metas deben fijarse ni muy altas ni muy fáciles y cercanas, pues la segunda opción las haría perder su propósito. Las metas deben escribirse y revisarse frecuentemente. Las metas deben presentarse en forma de metas diarias, metas mensuales y metas anuales, y recuerde que lo que debe lograr es progreso, no perfección. Créame, cuando comience a concentrarse en metas significativas y específicas, se liberará el poder de sus reservas ocultas y comenzarán a suceder cosas buenas.

Recuerdo bien cuando me acerqué a Leo-tai con mis "Metas 1 a 25", cuidadosamente transcritas, y se las mostré orgulloso.

Leo-tai se acarició la barbilla.

—Mmm —fue lo único que dijo, y me puse inmediatamente a la defensiva. (Mmm con Leo-tai nunca significaba "bien hecho").

—¿Qué quiere decir? —exigí saber—. ¿No son buenas metas? Si logro esas calificaciones, seré uno de los mejores kickboxers del panorama actual.

Leo-tai entró en su pequeña e inmaculada cocina y regresó con dos tazas de té verde.

—Amigo mío —preguntó—, ¿son estas tus metas o alguien te ayudó a decidirlas?

Me pregunté por qué eso podía estar mal.

—Escucha, Daniel-san. Las metas son más significativas cuando son lo que tú verdaderamente quieres para ti, no lo que los otros quieren para ti.

—De acuerdo, pero sí quiero esas metas —objeté, un poco irritado.

—Además —continuó, sin prestar atención a lo que yo había dicho—, ¿qué es esto que has escrito aquí: "No perder en las rondas iniciales de las competencias nacionales"?

—¿Qué tiene eso de malo?

Leo-tai sacudió su cabeza.

—¿Cuántas veces debo recordarte que debes exponer tus metas en una manera que enfatice lo que quieres que suceda, no lo que quieres evitar? Este "No perder en las rondas iniciales" no es una meta, es temor.

Miré con más cuidado la lista de las 25 cosas que había anotado. Alrededor de la cuarta parte eran enunciados negativos. Arrugué la hoja de papel formando una pelota y la lancé a la papelera, anotando una canasta perfecta.

—Entonces, ¿qué debo hacer?

Leo-tai sonrió.

—No hay nada malo con tus metas, pero debes pensarlas con cuidado. Pregúntate que es lo que quieres lograr en los próximos dos o tres años. Haz de ellas tus metas a largo plazo. Fija una fecha para completarlas.

—Bien. ¿Y después?

—Después piensa al menos tres cosas que quieres lograr durante el próximo año. Haz de ellas tus metas a corto plazo y fija también una fecha para completarlas —me explicó.

—¿Y luego qué? —pregunté.

—Luego decide qué puedes hacer cada mes para ayudarte a lograr tus metas a corto plazo —dijo—. Escríbelas. Estas serán tus metas mensuales. También fija una fecha para completarlas. Establece metas diarias que te ayuden a lograr metas mensuales, las cuales te ayudarán a completar tus metas a corto plazo, que a su vez te ayudarán a completar tus metas a largo plazo. Cuando tus metas se ajustan de esta manera y te dedicas a lograrlas, progresarás. Pero primero debes asegurarte que sea tu sueño y no el de otra persona, así lograrás avanzar. ¿Quieres más té? —preguntó.

—No, gracias —respondí—. Estaba ocupado pensando lo que me acababa de decir. Con esas referencias, todo parecía extremadamente simple. Me encontraba consumido por el deseo de volver a empezar a escribir en una lista mis metas, con más paciencia, más lógica y más perfección.

—Hazlo ahora —me apremió Leo-tai—. Emplea las pautas y el sistema de establecer metas que acabo de describir. Te reto a crear tu propio plan. Comienza ahora mismo y dirígete en la dirección correcta, dando los pasos necesarios para comenzar a lograr tus metas y tus sueños.

Leo-tai se sirvió más té.

—Reflexiona profundamente. Decide por qué es importante lograr tus metas. Crea planes. Pasa a la acción. Todo lo que necesitas está dentro de ti, dentro de tus sueños. Las metas representan tus sueños sobre una línea del tiempo que te muestra los pasos necesarios para lograr el éxito. Recuerda que cada viaje se realiza paso a paso. Así que comienza a pensar. Sé creativo, corre riesgos, intenta cosas y, más importante aún, establece tus metas por delante de ti: cree en tu capacidad para lograrlas. Si yo fuera tú, empezaría ahora mismo.

Durante los siguientes días, estuve ocupado pensando y soñando. Me tomé su lección muy en serio. Nunca me he arrepentido de haberlo hecho.

Recuerde: Establecer metas es crucial porque las metas le ayudan a lograrlo. Representan sus sueños a lo largo de una línea del tiempo y le ayudan a progresar.

Capítulo 20: Haga el trabajo

En una ocasión, tras haber logrado el knock-out de su oponente durante un torneo profesional de Artes Marciales Mixtas, Renzo Gracie fue entrevistado por un comentarista que sugirió que Renzo solo había ganado gracias a la suerte. Sin perder ni un instante, y con una sonrisa astuta, Renzo contestó con mucha razón: "¡Sí, cuanto más duro trabajo, más suerte tengo!"

¡Qué campeón, y qué respuesta de campeón!

Con pocas excepciones, la verdad es que los mejores atletas usualmente son aquellos que trabajan más duro. Mientras la mayoría de los atletas dicen que quieren ganar, muy pocos de aquellos que tienen el talento suficiente para llegar a lo más alto están dispuestos a realizar el trabajo duro y emplear la dedicación que exige convertirse en un campeón. Como entrenador, me resulta sencillo descubrir el atleta que posee suficiente determinación para estar dispuesto a pagar el precio. Para empezar, se nota en el esfuerzo y la regularidad que despliega durante las prácticas. Además, los mejores atletas aman el proceso de hacer lo necesario para convertirse en lo mejor que pueden llegar a ser. Hay una diferencia cuantificable en su nivel de compromiso y confianza con respecto a la mayoría de los atletas, porque realmente disfrutan trabajando mucho para mejorar.

El legendario entrenador de fútbol americano, Vince Lombardi, escribió en una ocasión sobre este tipo de compromiso: "Un hombre puede ser tan grandioso como él quiera ser si cree en sí mismo y tiene el valor, la determinación, la dedicación y el impulso competitivo, y, si está dispuesto a sacrificar cosas pequeñas de la vida y pagar el precio que cuesta alcanzar las cosas que merecen la pena, puede lograrse cualquier cosa. Una vez que un hombre se ha comprometido, pone en ello la mayor fuerza del mundo, eso que le llamamos el poder del corazón. Cuando un hombre ha hecho este compromiso, nada le impedirá triunfar. Cuanto más se trabaja, más difícil es rendirse".

A pesar de esto, con mucha frecuencia un atleta con sorprendentes niveles de talento escoge avanzar sin poner mucho esfuerzo en mejorar. Se acomoda y, en lugar de trabajar duro para elevar su talento a otro nivel, no realiza el trabajo necesario. Al final, muchos atletas que trabajan más duro lo sobrepasarán. Así que no se desanime si usted no es exactamente lo que un entrenador consideraría un gran talento. El trabajo duro, el esfuerzo y el entusiasmo le traerán buenos resultados, siempre que mantenga el rumbo. Y si resulta que además posee un gran talento, solo recuerde que dicho talento puede ser una bendición o una maldición. El talento no es ninguna bendición si usted se queda estancado porque jugar bien le resulta relativamente fácil. El atleta mental sabe que, para lograr sobresalir, no puede hacer solo lo mínimo necesario.

Después de que uno de mis jóvenes estudiantes ganó un campeonato nacional, le pregunté si se sentía bien al ver que todo su trabajo duro finalmente dio frutos. Él admitió que se sentía bastante bien, y que estaba realmente contento.

—¿Cuáles son tus planes ahora, señor Campeón Nacional? —le pregunté bromeando—. ¿Te tomarás un descanso?

—De ninguna manera —dijo—. Ahora todos los chicos quieren ganarme, así que tengo que trabajar más duro que nunca si quiero mantenerme como el campeón.

Doce años de edad y tan listo. Ya había entendido que tenía que trabajar más duro que antes para mantener su alto nivel de éxito. Sin embargo, por el brillo de sus ojos pude comprobar que estaba entusiasmado con la perspectiva.

La verdad es que los campeones de verdad quieren hacer el trabajo. Están dispuestos a hacer no solo lo que se necesita para llegar a la cima, sino también lo que se requiere para mantenerse en ella. Los verdaderos campeones están dispuestos a pagar el precio que cuesta mejorar.

Piense en lo que Renzo Gracie le dijo al comentarista: "¡Cuanto más duro trabajo, más suerte tengo!"

Así que… ¿Cuánta es su determinación para hacer que suceda su propia suerte?

Recuerde: Una vez que se comprometa realmente a trabajar duro para convertirse en campeón, algo poderoso se pone en marcha: el poder del corazón.

Capítulo 21: Cómo lograrlo

En muchas ocasiones, después de trabajar con un atleta profesional o con un deportista avanzado de Jiu-Jitsu, me dan las gracias por haberles mostrado algo que dicen nadie antes les había enseñado. Eso me hace sentir muy bien, y el motivo es porque confían lo suficiente en mí para admitir que, aun siendo grandes competidores, no lo saben todo. Eso es, en resumidas cuentas, un verdadero campeón. Un verdadero campeón siempre reconoce que estar dispuesto a aprender algo hoy puede convertirlo en un campeón aún más grande mañana.

No existe una etapa en nuestras carreras en la que ya hemos aprendido tanto que no queda nada más por aprender. Y esto es incluso más cierto cuando comprendemos que, en casi todos los casos, los campeones no nacen, se hacen.

Un campeón de verdad acepta que, por muy grandes que sean en ese momento, lo que importa no es lo que saben sino lo que aún pueden aprender. Eso constituye la mayor diferencia. Saben que, para alcanzar su nivel máximo, deben aspirar a mejorar diaria y constantemente. Y saben que la manera más rápida de mejorar es trabajar, no en sus fortalezas sino en sus debilidades.

Así que, para mejorar, el atleta mental debe tener absolutamente claras cuáles son sus fortalezas y sus debilidades. Entonces (y esta es la parte importante), deberá tomar la decisión de cambiar sus debilidades a fortalezas.

Tome el ejemplo real de una jugadora de tenis joven y talentosa con un servicio devastador y una derecha maravillosa, pero un revés bastante débil que siempre favorecía a su oponente. Una vez, mientras estaba trabajando con su entrenador empleando excelentes derechas, escuchó a alguien decir que su derecha era ya tan fiable que era una locura no concentrarse en practicar su revés. Durante las siguientes semanas, le dijo a su entrenador que quería concentrarse exclusivamente en mejorar su revés. Poco tiempo después, logró una de las mayores victorias de su carrera, ¡venciendo a la jugadora de mayor nivel del mundo en la segunda ronda de un torneo internacional! Había cambiado una debilidad a una fortaleza.

Su plan de juego debe de ser el mismo: localice sus debilidades y propóngase trabajar con más ahínco en ellas. Aunque es cierto que es importante trabajar todos los aspectos de su juego, un campeón sabe que un buen oponente encontrará cualquier debilidad y la aprovechará y, por lo tanto, el campeón desarrolla un plan de acción dirigido a mejorar todo aquello que sabe que no son sus puntos fuertes.

Entonces, ¿qué es lo que no hace usted demasiado bien? ¿Tiene un plan de acción para cambiarlo? Analice su juego como un campeón. Propóngase llegar a ser mejor que nunca localizando las cosas que debe mejorar. Y no lo posponga porque ya funcionen bien otros aspectos de su juego.

Adáptese a los buenos consejos que encuentre en su camino y trabaje duro para cambiar sus debilidades a fortalezas, esto le ayudará a elevar su juego a un nivel completamente diferente.

Así que, comprométase, establezca un plan de acción y céntrese en mejorar transformando sus debilidades en fortalezas.

Recuerde: Las personas triunfadoras tienen la autodisciplina necesaria para hacer lo que se tiene que hacer sin importarles si las disfrutan o no.

Capítulo 22: Cambie su estado mental

Cambiar su estado mental. ¿Qué significa eso exactamente?

¿Recuerda a mi incrédulo del capítulo 1? ¿En qué estado se encontraba antes de que cambiara su enfoque? Si lo recuerda, se encontraba muy desamparado cuando me buscó. Estaba nervioso, temeroso, ansioso, tenso y con una ausencia total de autoconfianza. En resumen, no había manera de que pudiese desempeñarse bien en la competencia a menos de que cambiara su estado mental.

Entonces, ¿qué hizo en esos escasos minutos que supuso una diferencia tan grande?

Recuerde que, con unos pocos consejos, logró cambiar su estado de temor y falta de confianza, y pasó a estar totalmente confiado y preparado para la competencia. Se convirtió literalmente en una fuerza desatada de dominación. ¡Y lo hizo tan rápido!

Le prometí que le enseñaría a usted cómo hacer lo que él logró, así que aquí está. Con todo lo que ha aprendido hasta ahora, sé que está preparado. Esto es lo que debe entender y exactamente cómo hacerlo por sí mismo.

Los pensamientos crean las emociones y los sentimientos que son la causa de su estado. Cualquiera que sea ese estado, sus propios pensamientos lo llevaron a él. Así que, cuando se descubra a sí mismo en un estado de falta de confianza, recuerde lo siguiente: puede alterar sus pensamientos y su estado centrándose en tres elementos esenciales.

Primer elemento esencial: El diálogo interno. Pregúntese: ¿Cuál sería el diálogo interno de un campeón mientras se prepara para una competencia?

Aparté a mi incrédulo del grupo y le formulé una pregunta muy sencilla:

—Si tú fueras un gran campeón con mucha experiencia a este nivel, y tuvieras un historial increíble, y te encontraras en tu mejor nivel, donde nadie pudiese alcanzarte, ¿cuál sería el diálogo interno al prepararte para empezar esta pelea en este momento?

Mi incrédulo me miró y me dijo:

—De verdad que no lo sé, entrenador.

—Bien, ¿qué tal cosas como: Soy rápido, soy fuerte, domino? Yo controlo el encuentro, nunca cedo y nunca me rindo. Soy poderoso, venzo a mi oponente, soy un gladiador letal desencadenado, conquisto. Soy un campeón imparable, soy una fuerza de dominación, mi oponente se rinde. ¿Y estas otras? Estoy preparado, tomo el mando, sigo adelante, no doy tregua, gano, soy más duro, soy más fuerte, soy mejor, detengo a mi oponente. ¿Captas la idea? —pregunté.

—Sí —respondió.

—Bien, eso es lo que quiero. Finge que eres un actor. Comienza a ser ese campeón. Empieza a escuchar el diálogo interior de ese campeón —le dije—. Quiero que finjas y sientas que eres ese campeón que acabo de describir. Quiero que comiences a decirte dentro de tu cabeza las mismas cosas que este campeón se diría a sí mismo en su mente mientras se prepara para un encuentro. Empieza ahora —le dije, mirando el reloj—. No tenemos mucho tiempo.

Guardé silencio y lo miré mientras se sumergía en su tarea. En este momento, Jeremy comenzó el diálogo interior de un campeón dentro de su cabeza. Se mantuvo cerca mientras caminaba de un lado a otro, poniendo toda su concentración y su ser en el ejercicio.

Después de alrededor de un minuto, atraje su atención de nuevo.

—Bien, muy bien —le dije—. Ahora añadiremos algo más.

Segundo elemento esencial: El porte de su cuerpo. Pregúntese: ¿Cómo se movería el cuerpo de este campeón mientras se prepara para la batalla?

—Jeremy —dije—, comienza a mover tu cuerpo como un campeón que se prepara para la competencia. —Jeremy estaba escuchando con atención. Continué—. Sigue viendo en ti a ese campeón, sigue con el diálogo interno y, al mismo tiempo, quiero que muevas tu cuerpo como si fueras ese campeón que está preparándose para vencer a su oponente. ¿Cómo moverías tu cuerpo? ¿Cómo, siendo tú ese campeón, te portarías mientras te preparas para esta lucha? Muéstramelo. Empezando ahora mismo— añadí—. Tienes otro minuto.

Jeremy se puso en acción. Ante mis ojos empezó a mover su cuerpo como un campeón haciendo el calentamiento, preparándose para la batalla, caminando y practicando con un oponente imaginario, lleno de energía, como un gladiador enjaulado esperando a ser liberado. Y, mientras observaba, comencé a tener esperanza. Los movimientos del cuerpo de Jeremy se convirtieron en los de un campeón aniquilador.

Al mismo tiempo que movía su cuerpo como un campeón aniquilador, Jeremy continuaba con el diálogo interno de un campeón dentro de su mente.

Ahora teníamos en marcha el diálogo interno de un campeón y los movimientos de un campeón preparándose para la batalla. Le dejé hacer su trabajo y no lo interrumpí hasta un minuto después, más o menos.

Tercer elemento esencial: La respiración. Observando cómo la imaginación de Jeremy, su diálogo interno y sus movimientos corporales comenzaban a cambiar las cosas para él, introduje el tercer elemento.

—Jeremy, ¿cómo estaría respirando este campeón ahora mismo, mientras se prepara para la batalla? —le pregunté—. Continúa con el diálogo interno y los movimientos corporales de este campeón, y ahora añade la respiración de un campeón preparándose para la batalla.

Sin perder un momento, Jeremy ajustó su respiración. Ahora tenía los tres elementos esenciales en marcha. La respiración, el movimiento y el diálogo interno. Jeremy estaba en otro mundo.

Al finalizar esos pocos minutos, Jeremy había cambiado su estado completamente. Cuando puso el pie en la colchoneta, estaba listo mental y físicamente, y por ello fue capaz de ofrecer una de sus mejores actuaciones. Aunando los tres elementos esenciales de esta manera, Jeremy, mi incrédulo, dejó de estorbarse a sí mismo, cambió su estado mental, permitió que su entrenamiento lo controlara y compitió como un verdadero campeón.

Así es como lo hizo él y como puede hacerlo usted también.

Como parte de su rutina antes de la competencia…

Pregúntese: ¿Cuál sería el diálogo interno de un campeón mientras se prepara para la competencia?

¿Cómo movería su cuerpo ese campeón mientras se prepara?

¿Y cómo estaría respirando ese campeón mientras se prepara para empezar la competencia y enfrentarse a su oponente?

Entonces hágalo. Reúna todo esto durante varios minutos antes de iniciar la competencia, y permítase entrar en este estado de total preparación y poder antes de competir. Deje de estorbarse a sí mismo y permita que su entrenamiento tome el control.

Recuerde: Emplee los tres elementos esenciales y úselos juntos para cambiar totalmente su estado: el Diálogo Interno de un campeón preparándose para la batalla, los Movimientos Corporales de un campeón preparándose para la batalla y la Respiración de un campeón preparándose para

la batalla. Permítase convertirse en ese campeón antes de comenzar a competir.

Capítulo 23: El Presente

Estaba terminando mis estudios universitarios cuando, un día, Leo-tai me llamó y dijo que quería venir a visitarme y conocer dónde vivía en las montañas Black Hills. Dijo que también quería conocer el lugar de las andanzas de Rocky Raccoon, de la vieja canción de los Beatles. Entonces empezó a cantar la canción directamente…

"Ahora, en algún lugar de las montañas Black Hills de Dakota, vivía un joven muchacho llamado Rocky Raccoon, y un día su mujer se fue con otro hombre, golpeó al joven Rocky en el ojo…"

Leo-tai cantó la canción por teléfono. Fue gracioso, la cantaba realmente bien.

Y entonces, como tantas otras veces, Leo-tai acabó haciendo lo que él quería hacer. Allí estaba Leo-tai, visitándome en medio de los Black Hills. Estaba muy emocionado por encontrarse tan cerca de donde se suponía que vivió Rocky Raccoon.

Y, cuando le dije que creía que Rocky Raccoon seguramente estuvo por la ciudad de Deadwood, dijo:

—Entonces definitivamente debemos ir allá.

Nos encontrábamos en una parte muy hermosa de los Black Hills, donde yo había alquilado una casita situada en la boca del cañón de Spearfish. Allí viví mientras terminaba mis estudios. Y allí llevé a Leo-tai a caminar por un sendero que terminaba a gran altura sobre el cañón.

La asombrosa vista tomó a Leo-tai por sorpresa.

—Daniel-san —dijo, sorprendido—, esto está muy bien.

—Es increíble, ¿no es verdad?

—¡Esto está verdaderamente muy bien! —dijo con una gran sonrisa.

Le mostré dónde sentarse para disfrutar contemplando un atardecer en uno de los mejores lugares del mundo. Saqué dos botellas de bebidas deportivas y mi diario para anotar sus pensamientos mientras observábamos lo que fue, según acordamos después, uno de los más bellos atardeceres que jamás habíamos visto.

Las lecciones de Leo-tai siempre eran concisas y directas. Nunca iba muy rápido y siempre las mantenía simples.

—Estar totalmente en el Presente, Daniel-san… Esa es la clave. Aprender cómo estar en el Presente durante toda la competencia, esa es tu meta. Jugar constantemente en el momento presente, donde el cuerpo y la mente son uno, donde el entrenamiento toma el control, donde no interfieren los pensamientos. Esta es la sabiduría de los Guerreros, Daniel-san, es algo que se ha enseñado durante siglos. Te estoy enseñando una manera consolidada de llegar ahí.

La mirada de Leo-tai se perdía más allá del horizonte. Continuó.

—Entendiendo y practicando el Arte, uno aprende a crear el ambiente interno que invita a una mente calmada durante la competencia. La mente calmada es una habilidad del guerrero. En el Presente todo se une, y el desempeño fluye automáticamente y sin errores. En su interior, el Guerrero/Campeón no tiene pensamiento, no tiene una mente saturada; en lugar de eso, es un campeón imparable totalmente absorto en la acción que tiene ante sí.

Mientras escuchaba, recordé haber visto recientemente a Pete Sampras en una entrevista, en la que le preguntaron en qué estaba pensando durante un momento crucial de un partido de tenis. Su respuesta fue fascinante, demostrando su total inmersión en el momento. "Nada —contestó—. No estaba pensando en nada."

—Un verdadero campeón —continuó Leo-tai—, aprende a no sentir presión, porque la presión es creada por la ansiedad, y la ansiedad solo puede existir si uno permite que sus pensamientos abandonen el Presente y se dirijan a algún punto incierto del futuro o a algún recuerdo de un fracaso del pasado… Hay poder en el momento presente, Daniel-san, aférrate a él.

—Las dos habilidades que debe poseer el Guerrero/Campeón para ayudarle a alcanzar su máximo potencial son la habilidad de reconocer cuándo su mente no se encuentra concentrada en el Presente, y la habilidad de traer su mente de vuelta al Presente. Cuando tu mente se acelere, ayúdala a volver al Presente concentrándote en tu respiración. Esto te ayudará a alcanzar el lugar donde tenemos una sensación que nos asegura que se puede hacer lo que sabemos que se debe hacer, y que se puede lograr sin demasiado esfuerzo; un lugar donde la técnica fluye libremente y con precisión, un lugar de donde surgen las acciones adecuadas.

—Se refiere a la mente tranquila —dije yo.

—Exactamente, y el momento presente es donde existe la mente tranquila. No hay preocupación, no hay juicios, no hay miedo, no hay deseos, la mente se encuentra totalmente en el aquí y en el Ahora durante el evento. Debes practicar a apartar toda la saturación mental, todas las situaciones personales, todas las distracciones que llenan tu mente, dejarlas fuera de la competición. Aunque es esencial aprender del pasado, también llega el momento en que hay que dejarlo atrás. Y aunque es importante prepararse para el futuro, estar en el Presente también obliga a deshacerse del futuro a cierto nivel.

Leo-tai me miró con atención para asegurarse de que había entendido la cuestión.

—Ahora es el momento en el que te desempeñas, y el Presente es el único lugar donde existe el Ahora. Aprende a dejar la mente en blanco y a traerla al Presente, aprende a buscar el Presente para poder rendir al nivel más alto, ¿entiendes?

—Creo que sí —le respondí.

—Entonces debes practicar más, Daniel-san, para que sepas que sí.

Una vez más, Leo-tai me había ayudado a entender mejor su Arte del Guerrero.

Recuerde: Estar totalmente en el Presente, esa es la clave.

Capítulo 24: Prepárese para ganar

Llevaba varios años entrenando con Leo-tai. Ahora me habían aceptado en el programa de aviación de la Fuerza Naval y ambos sabíamos que podría pasar mucho tiempo antes de que volviera.

—Debes prepararte para ganar —me dijo Leo-tai mientras terminábamos mi lección de combate con cuchillo esa noche— Un campeón siempre se prepara para ganar.

Sabía que lo estaba escuchando.

—Utiliza siempre el ensayo mental e imágenes como te he enseñado —me dijo—. Esto construye la confianza. La confianza proviene de saber que estás preparado, tanto física como mentalmente. La confianza te ayuda a saber qué hacer automáticamente, incluso en momentos de incertidumbre. Ayuda inmensamente. Asegúrate de visualizar.

Leo-tai comenzó a guardar los cuchillos de entrenamiento que habíamos estado usando.

—Debes confiar en ti mismo, Daniel-san. No debe haber falta de compromiso en tu mente. Elimina la duda, no hay lugar para ella. Ten confianza y cree en ti mismo mientras te preparas para ganar... Tómate siempre en serio tus sesiones de entrenamiento. Concéntrate siempre. Recuerda: estás creando conexiones neuromusculares que tomarán el control cuando aprendas a no estorbarte a ti mismo. Cuanto mejor te concentres durante el entrenamiento, más podrás confiar en ti mismo cuando debas desempeñarte al máximo.

Leo-tai continuó:

—Recuerda que el entrenamiento mental ayuda al guerrero a desarrollar la habilidad de dejar de lado la mente analítica el tiempo suficiente para que su entrenamiento pueda tomar el control y pelear por instinto. Cuando esto suceda, estarás confiado, relajado y resuelto. Todo fluye. Experimentarás un rendimiento máximo. Es una recompensa por haberte preparado bien. Recuerda, y no olvides nunca, que no puedes forzar el rendimiento máximo. Tienes que prepararte correctamente en un intento por permitir que ocurra. Ahora entiendes cómo se ha de trabajar para obtener el Estado Mental Ideal del cual surge ese rendimiento.

Lo seguí hacia la puerta del estudio mientras me colocaba la gorra de lana y el abrigo. Lo que decía tenía todo el sentido.

—Es cuestión de dejar fuera a la mente consciente —me recordó—, y permitir que te guíe tu entrenamiento. No olvides que, en ocasiones, mejorar significa dejar que se vayan las viejas maneras, Daniel-san. Así que, permanece abierto al aprendizaje y ten la seguridad de que se necesita valentía para lograr tus metas y alcanzar todo tu potencial. Prepárate para trabajar duro.

Mientras salía, tuve la sensación de que él todavía no estaba listo para dejarme ir; más tarde me pregunté si quizá estaría recordando a mi hermano en ese momento.

Me miró.

—Lo más importante es cómo se prepara para la batalla un campeón. Tienes que encontrar al guerrero que hay dentro de ti. Debes pelear con todo tu corazón para no arrepentirte al dejar atrás la competición. Un campeón siempre se prepara para ganar. Recuerda actuar como un campeón para poder convertirte en un campeón.

—Lo haré —le aseguré mientras nos dábamos la mano. Él sabía cuán agradecido le estaba por todo.

—Lo hiciste bien hoy. —Sonrió.

Y, con eso, Leo-tai terminó mi lección.

Pasaría mucho tiempo antes de que volviese a ver a Leo-tai. Primero iría a Granada, luego a Panamá y finalmente al Medio Oriente.

Recuerde: Un campeón siempre se prepara para ganar.

Capítulo 25: Continúe caminando

Mientras dábamos un largo paseo por la costa cercana a su hogar, me descubrí reflexionando sobre los muchos años que parecían haber pasado tan rápidamente desde esa última lección. Leo-tai todavía conservaba ese caminar sin esfuerzo que me había obligado a mantenerme a su paso tantas veces antes… Caminamos un largo tiempo en silencio acompañado, rodeados por las gaviotas, el viento y las olas.

Cuando finalmente nos detuvimos, Leo-tai se sentó en una piedra de apariencia cómoda y yo me recosté contra otra aún más grande. Frunció los ojos mientras miraba hacia el mar y noté por primera vez que parecía cansado. "¿Cuántos años tiene Leo-tai?", me pregunté; jamás se lo había preguntado.

—Mira las olas —murmuró—. Siempre renovándose, alimentándose interminablemente las unas de las otras. No tienen fin. No, solo la renovación y la retirada, una y otra vez.

Una gaviota volaba en círculos sobre las rocas.

—Es el ciclo de la Tierra —dijo Leo-tai—. Estamos aquí, y luego nos vamos. Nacemos y morimos. El mundo sigue girando, pero demasiado lento para nuestro entender.

—Espero que no tengas la intención de morir próximamente —bromeé un poco inquieto.

—¿Quién sabe? Hay mucho que no se nos da a conocer. Pero, incluso si eso sucediese, Daniel-san, no es el final. Es solo el principio de algo más, de algo diferente. Es por esto que nunca digo adiós.

Me sorprendió darme cuenta de que era verdad. En todos los años que había conocido a Leo-tai, siempre se alejaba o cerraba la puerta con una sonrisa. No recordaba que nunca dijera "adiós".

Algo en su tono de voz me hizo mirarlo de nuevo. ¿Acaso era este el adiós que nunca había dicho? ¿Se iría a un lugar donde alguien lo necesitara más? Habían pasado muchos años desde que entrenáramos juntos regularmente, pero siempre parecía estar ahí, la voz al otro lado del teléfono, la carta desde algún lugar que yo nunca conocí, una presencia junto a mí. Sus enseñanzas son ahora y siempre una parte de mí.

—Ahora —dijo una vez que se había acomodado—, dime por qué estas triste.

—¿Triste? Yo no lo llamaría estar triste —respondí—. Quizás me siento un poco perdido, un tanto incompleto… Sí, pero no triste.

Habían cambiado demasiadas cosas. El ejército me había llevado a lugares peligrosos de todo el mundo. Había visto suficiente. Estaba cansado de ello. Había logrado salir indemne, a diferencia de varios de mis amigos, y la vida me había lanzado varios golpes devastadores. Presentí que él sabía que yo no estaba bromeando, que realmente estaba desilusionado de todo… Por lo menos él seguía siendo el mismo, contemplándome aún con esa mirada vieja y considerada en sus ojos.

—Te has desilusionado —dijo él.

—Desilusionado… Eso es quedarse corto —contesté.

—Llegó un momento en el que estuvo claro para ti que el lugar donde estabas ya no te inspiraba y te diste cuenta de que, si permanecías quieto, allí sería donde te quedarías. ¿Qué tiene de malo escoger no quedarse quieto? Felicidades. Algunas personas viven toda su vida encadenadas, sin darse cuenta que siempre tuvieron consigo la llave.

Me miró y movió suavemente la cabeza.

—Daniel-san, quién sabe qué te depara el futuro, pero no hagas caso de la incertidumbre que ocupa tu mente ahora mismo. Entiende esto: La vida no siempre discurre de la manera que queremos. Uno sueña sus sueños, trabaja sus metas y, aun así, la vida puede no suceder como la tienes planeada. Pero piénsalo: ¿dónde estaríamos si no hubiéramos escogido un camino? ¿Si no nos hubiéramos esforzado en lograr un plan? En esos casos, yo diría que no habríamos tenido dirección alguna y no hay nada bueno en eso.

—Pues así es exactamente como me siento ahora mismo —le dije a mi viejo amigo—. Sin dirección alguna.

—Tal vez te sientas así, Daniel-san, pero yo no lo veo de esa manera. Si alguien se libera de lo que sea, si alguien se levanta después de que la vida lo golpee con un puñetazo, eso, al menos, es una dirección. ¿No estás de acuerdo? Levantarte o liberarte es una dirección. Es parte de lograr algo.

Contemplé el sol mientras descendía más allá del horizonte que teníamos ante de nosotros.

—Por favor Leo-tai, ¿puedes ayudarme a comprender tu razonamiento?

—Puedo. Mi razonamiento es que, a pesar de que tal vez no lo entendamos, algunas veces la vida nos pone en un camino nuevo, uno que nunca habríamos pedido, que no habríamos soñado o imaginado siquiera… Después de todo, ¿no es eso lo que realmente te está sucediendo?

—En lugar de analizarlo en exceso y dudar de la dirección que ha tomado tu vida, ¿por qué no aceptar simplemente que existe un nuevo camino que ahora se despliega ante ti? Detén la desconfianza en ti mismo que habita en tu interior. Solo causa confusión. El hecho es que aquello que fue ya no es. Se ha ido. Está en el pasado. Y lo que es ahora, bueno, ¿no es eso lo que realmente importa?

Estaba escuchando mientras miraba las olas y las gaviotas.

—El pasado se ha ido, amigo mío. Puedes volver la vista atrás, pero solo es un reflejo. El futuro se encuentra delante… Pero es un futuro que aún no se ha realizado. Así que, en realidad, el hoy es todo lo que tenemos. Y el hoy está aquí. ¿Por qué no empiezas a caminar en tu nuevo camino, paso a paso? Crea nuevos sueños, libéralos en el universo, mantén tu cabeza en alto, ten fe y descubre lo que está por venir. La vida misma te ha puesto en este camino. Solo confía en que lo es y permanece en él.

Leo-tai continuó.

—Creo que cualquier persona que hace esto, Daniel-san, pronto descubre que el nuevo camino los lleva en una dirección muy natural y cómoda. Acepta la nueva aventura, camina en ella con fuerte creencia en ti mismo y en poco tiempo, sospecho, descubrirás que la nueva dirección es más gratificante y asombrosa de lo que nunca pudiste haber imaginado… Sigue el camino que se despliega ante ti, sigue tu destino. El universo no comete errores, todas las personas están exactamente donde deben estar. Debes recordarlo cuando parezca que el curso de tu vida ha perdido la firmeza de su propósito. Recuerda siempre… Estás exactamente donde necesitas estar, y entonces… —Leo-tai hizo una pausa.

—¿Y entonces qué? —pregunté.

—Y entonces, amigo mío… Debes seguir caminando. Simplemente debes continuar caminando.

Permití que sus palabras se asentaran en mi mente. Mientras el sol se escondía tras el mar, recordé tantas otras lecciones durante el atardecer a lo largo de los años. Tal vez Leo-tai también estuviera recordando, porque dijo de repente:

—De entre todas nuestras lecciones, ¿qué crees que sería lo más importante que yo querría que recordaras siempre? Si hubiera solo una, ¿cuál crees que sería?

"Tantas cosas", pensé. Recordé la pelea con los mapaches, los muchos errores que cometí; todas las ocasiones en las que él me había levantado del suelo, me había sacudido el polvo y me había hecho comenzar de nuevo. Lo pensé mucho. Aprender a no ceder nunca, a no permitir negatividad, aprender autodisciplina, permanecer en el Presente, controlar la ira, controlar el miedo, a practicar la ingeniería de la imaginación, a creer en mis sueños.

Y entonces recordé: "La creencia en uno mismo es lo que hace que todo funcione".

—La creencia en uno mismo —le dije. Nuestras miradas se cruzaron y su cara se iluminó de orgullo.

—Muy bien, Daniel-san, a veces me preocupabas, pero ya no —me dijo—. Ahora ya no me preocupas.

—¿De verdad? —pregunté.

—Bueno, pensándolo bien, no. Realmente no, retiro lo dicho.

—Demasiado tarde. Ya le escuché decirlo —bromeé.

—¿Entonces?

—Entonces ya está; si le oí decirlo, tiene que ser verdad, no puede retirar lo dicho... Además, debo irme pronto, pues tengo que verme con unas personas. Es hora de que diga adiós.

Leo-tai me miró.

—Ay, Daniel-san, nunca es adiós, amigo mío. —Leo-tai me reprendió, sacudiendo la cabeza, sonriendo como si aún estuviera preocupado por mí—. Nunca es adiós —me dijo mientras lo veía darse la vuelta, sonriendo aún, y empezar su camino a lo largo de la costa.

Lo miré mientras se alejaba. Lo dejé marchar, una pequeña figura desapareciendo en la distancia. Me pregunté si esta sería la última ocasión en la que vería a mi viejo amigo. ¿Lo sabía él? Hoy todavía me lo pregunto, pero en ese momento lo dejé ir.

Y reflexioné.

De alguna manera, lo había hecho una vez más. Lo que me dijo, sus consejos de ese día, tenían sentido. Su lección me ayudó.

Y entonces, como él había querido que hiciera…

Y como todos tenemos que hacer en un momento u otro…

Continuamos caminando.

www.ingramcontent.com/pod-product-compliance
Lightning Source LLC
Chambersburg PA
CBHW061950070426
42450CB00007BA/1110